JN227007

NHK
ランスマ
街の風になれ
RUN × SMILE

“笑いながら”
ハーフマラソン
完走を実現！

走らなかった人のための

ランニング スタートブック

NHK「ラン×スマ」制作班・編

［はじめに］

introduction

亮さんを支えた金さんのように

本書がみなさんのよき伴走者となります

「ラン×スマ～街の風になれ～」は〝走る楽しさ〟を伝えるランニング情報番組として2012年4月にスタートしました。ロンドンブーツ1号2号の田村亮さん、SHELLYさんのふたりがMCを務め、プロ・ランニングコーチの金哲彦さんと一緒に、走ることの魅力を様々な角度から追求していくという内容です。

亮さんが自ら「走る宣言」をしたのは第3回目放送のとき。実は、MCであるふたりはランニング未経験者だったのです。そして、ここから番組は大きく動いていきます。ランニング情報番組であると同時に、「走らなかった男・田村亮」がいかに走りに目覚め、没頭し、ついにはハーフマラソンを完走するに至ったかを克明に追うドキュメント番組にもなりました。

本書はその道のりをトレースしながら、これまで走っていなかった人が、無理なくランニングを始められるようにつくられたスタートブックです。

各章は、冒頭に亮さんの成長ドキュメントがあり、その後にそのレベルで必要な知識やテクニック、ノウハウを掲載しています。

走らなかった男・田村亮は、いま本書を手にしている読者一人ひとりのいわば分身です。ですから本書を読む際は、最初から最後まで一気に読んで、ハーフマラソンを走るというのはどういう感覚なのかをつかんでもいいでしょう。あるいは、第1章から自分のレベルアップに応じて少しずつ読み進めていってもいいかもしれません。

いずれにしても、これからランニングを始めようとするみなさんにとって、少しだけ早く走り始めた亮さんは、必ずやよき伴走者となってくれるはずです。

「ラン×スマ」は走る楽しさを伝えるランニング情報番組。放送はNHK BS1にて毎週土曜日・午後6時から。

金哲彦

きん・てつひこ。1964年2月1日生まれ。福岡県出身。早稲田大学時代に箱根駅伝で活躍後、リクルートの陸上競技部で小出義雄監督とともに有森裕子、高橋尚子などの選手を育てる。現在はプロ・ランニングコーチとして一流選手から一般ランナーまで幅広く指導する傍ら、マラソンや駅伝の解説者としても活躍中。

ロンドンブーツ1号2号
田村亮

たむら・りょう。1972年1月8日生まれ。大阪府出身。A型。1993年、田村淳とともにお笑いコンビ・ロンドンブーツ1号2号を結成。テレビ朝日系「ロンドンハーツ」、CSフジ「ロンブー亮のGO! GO! 釣りごはん」、釣りビジョン「勝手に番組ジャック」などにレギュラー出演。その他、数多くのテレビ番組などで活躍中。

SHELLY

シェリー。1984年5月11日生まれ。神奈川県出身。スカウトがきっかけで14歳のときにモデルデビュー。「CUTiE」「SPRiNG」などのファッション誌のモデルを経て、タレントとして活躍中。現在、「ヒルナンデス！」「今夜くらべてみました」（共に日本テレビ系）など、数多くのバラエティ番組などに出演している。

2013年春、とうとうハーフマラソンへの挑戦が始まる

2013年9月7日
磐梯高原猪苗代湖マラソンにて
ハーフマラソン完走!

定期的に金さんとトレーニングし、山中湖でも合宿を経験。着実にレベルアップしていく亮さん

12キロ

10キロ

見事にハーフマラソンを完走！タイムは2時間28分09秒。すごいよ！亮さん！

2013年1月、正月太りで「人生最大の体重」に…。思わず、亮さんのお肉をつまむ金さん

視聴者の皆さんと一緒に12キロを走る。しかし、絶不調で挫折感を味わう。タイムは1時間24分14秒

大会の受付会場で知り合ったライバル（?）、ジェームス君と激しいデッドヒートを繰り広げた（笑）

最後は、完走した地元ランナーらとスマイル！

金さんにリアルタイムで給水のアドバイスを受けるも「むせる」。さすが芸人である

番組開始から8か月目、とうとうレースデビューする姿が放送される。金さんに伴走してもらいながら楽しく走った

初の10キロマラソンのタイムは1時間4分35秒！走る気持ちよさを知ることもできた

走らなかった男がハーフマラソンを走るまで

番組開始から亮さんがハーフマラソンを
完走するまでの軌跡を簡単にまとめてみました。
1年半近く時間はかかりましたが、
まったく走らなかった人でも、
ハーフマラソンは完走できるんです。

だんだんとランニングに肯定感を持ち始め、金さんの指導を受けたりしながら、普段の生活にランニングの時間を取り入れるようになる（真面目な人である）

走った後のビールの味を知りたい！という、未だかつて聞いたことがないモチベーションでランデビュー！

ランナーの気持ちを知りたいと出かけた駒沢公園で「ランニング後のビールのために走ってる」という女性ランナーに強く感銘

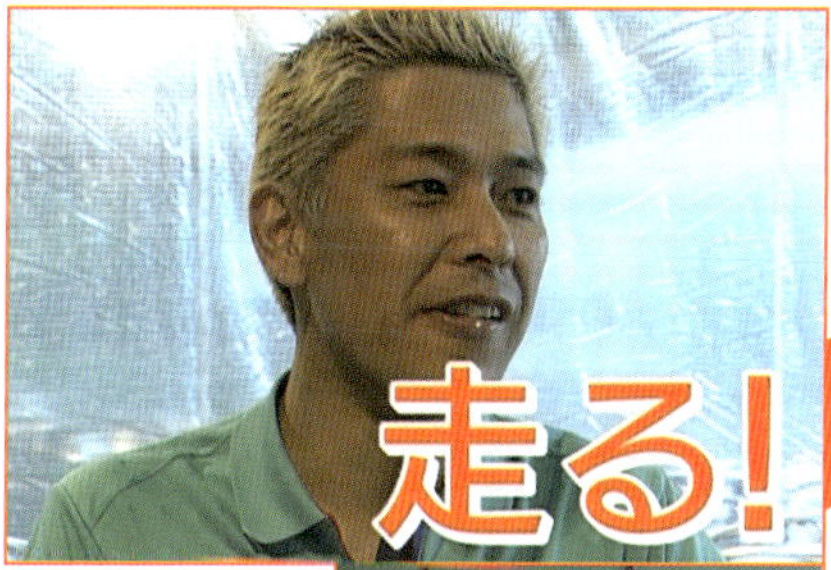

後輩のハブくんと一緒に走り、走った後のビールの味を初体験。「うまい!!」を連発。その場で「走る!」と宣言した

4.8
キロ

2012年
4月29日
ランスマ
街の風になれ
RUN × SMILE
レギュラー
放送開始

ランニング番組とは思えないプロジェクト名だが、なぜか違和感なしなのは亮さんの人柄の為せる業か

走らなかった人のための
ランニングスタートブック
"笑いながら"ハーフマラソン完走を実現！
ランスマ

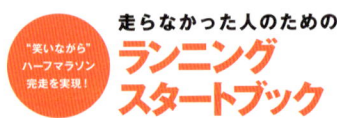

contents もくじ

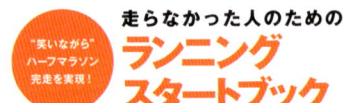

第1章

走る目的を見つける

ランニングを知ろう

田村亮 × ラン×スマ 1

ランニング嫌いだった男は なぜ自ら走り始めたのか

走ることを避けてきた僕を なぜ「ラン×スマ」は選んだ？

走ることは僕にとって「苦手」どころの話ではなく、人生を通じて「意識して避けてきた」ものでした。

まず寒い。なぜだかわかりませんが、マラソンは冬にやるものだと相場が決まっています。子どもは風の子と言われますが、僕は昔から寒さが大の苦手。おまけに走れば息が上がるから苦しくなる。なにを好きこのんでわざわざつらい思いをしなければならないのか、子どもの頃からずっと不思議に思っていたんです。

高校時代に所属していた柔道部では、練習の前に必ずランニングがありました。これは絶対に嫌や。そう思った僕は補習を理由に（実際、補習が必要な学力だったのですが……）、いつも練習に遅れて行っていました。

もちろん、一番嫌いな学校行事はマラソン大会です。好きな体育の時間も大会に向けた練習が多くなり、まったく楽しくありません。大会1週間前になると、気分は常に憂鬱です。高校1年のときは10キロを走ったのですが、一応は完走したものの達成感、充実感とい

放送３回目にして、やっと「走る気」になった亮さん。そのモチベーションの源は“ランニング後のビール”だった

った類のものはまったく感じませんでしたね。ポケットに手を突っ込んだまま途中で歩いたりしながら、走り終わった僕に残ったのは、しんどい、寒いという思いだけでした。

何年か前に有田哲平（くりぃむしちゅー）と矢作兼（おぎやはぎ）、ザキヤマ（山崎弘也／アンタッチャブル）でテニスサークルをつくったことがあります。活動期間はたった半年ほどだったけど、活動を停止したのは「走ること」が理由でした。全員がテニスの素人だったけど、素人なりに半年も続けていればなんとなくラリーも続くようになりますよね。でもそうなると、今度は相手の取れないところにと、ボールを左右にふるようになるから、結果としてコートの中を走らなければならなくなったのです。これはしんどい……。活動停止は全会一致ですぐに決まりました（笑）。

こんな感じでしたから、「ラン×スマ」のオファーがきたときは、正直「なぜこんな自分に？」という思いがありました。おそらくNHKのスタッフさんは、何度も打ち合わせを重ね、オファーしてくれたと思うのですが、「ランニングの楽しさを伝える番組なのに。自分がそれをまったくわかっていない」という申し訳ない気持ちもありましたね。

それでも結局、番組に出演させていただいたのは、スタッフさんの「亮さんと同じように走ることを苦手だな、嫌いだなと思っている人と同じ目線でランニングの楽しみを発見していってくれればいい」というひと言でした。

それなら自分にもできるかもしれないと思ったんです。番組が始まるにあたり、スタッフさんから「走ってほしい」というリクエストは一切ありませんでした。だから番組発表記者会見でも、僕は「走るかも」とはいいましたが、「走る」とは断言していません。そうしなかったことで、記者会見的には締まりのないものになってしまったけど、まあ仕方がない。だって、それが僕の本心だったんですから。

番組内で自分の口からはっきりと「走る宣言」をしたのは第3回の放送のときです。第1回、第2回は完全に傍観者でしたね。走っている人が出てきて「楽しいです」なんて笑顔で言っていても「ふーん」としか思えませんでした。

でも、興味は湧いていました。だってそうですよね、番組ではそれっぽい格好をして、スタジオもそんな雰囲気なんですから。なにごともシチュエーションって大事なものです。あ、実はこれ結構大事なポイントです。おそらく今これを読んでいる人も、不摂生をして

ぷは〜っ
(どんな味なんやろ?)
走った後のビールの味を想像中

2回目のカンパイ!

後輩のハブくんと一緒に走った後、ビアガーデンに直行。「初めてビールを飲んだときのような感動がある!」と瞬く間に1杯目のジョッキを空けてしまった

私、田村亮は走ります!!

2012年6月24日の放映で「私、田村亮は走ります!」とランナー宣言。番組の回を重ねることに自然と走ることに抵抗がなくなっていった

いた友だちに久しぶりに会ったら走り始めていたり、近所や街を歩いていると走っている人がやたらと目につくようになっていたり。ちょっと走ることに興味が湧いていたりするのではないでしょうか。

走り終わった後に飲む ビールの味を知りたくて

とはいえ、興味が湧いたからといって、すぐに「じゃあ走ります」となったわけでもないんです。興味を持つのと実際に行動を起こすことの間には、やっぱり壁があるわけですから。その壁をどうやって乗り越えるか。

　走り始める前に僕にはどうしても確かめておきたいことがありました。それは、なぜ彼らは走っているのかということ。ランナーの人口は年々増えています。「ラン×スマ」のような番組ができたのもそうした理由があったからでしょう。でも、僕には走っている人がどんな気持ちで走っているのかまるでわかりませんでした。健康のためとかダイエットのためとか、走ることで別の目的を達成させようとしているのならわかるんですよ。でも彼らは違います。彼らは純粋に走ることを目的としているんです。その感覚が僕にはまったくわかりませんでした。

　そこでスタッフさんにお願いして、駒沢公園で実際に走っている人にインタビューをさせてもらうことにしたんです。若い女性の2人組に声をかけて、なぜ走っているのかを聞くと「走り終わった後のビールがおいしい」という答えが返ってきたんですね。

　これが完全に心に刺さりましたねえ。健康やダイエットやトレーニングとかいう理由より、僕にとってはすっごいリアリティがあったんです。ただ「どんなふうにうまいのか」を聞いても「それは実際に走ってから飲まないとわからない」としか言ってくれない。よし、なら走ってみようかとなったんです。そうなんです、僕の最初の走るモチベーションは「うまいビールを飲む」ことだったんです。

　最初に走ったのは神宮外苑です。番組にも出ている後輩の芸人・ハブくんに付き合ってもらって、1周約1.6キロを3周しました。4.8キロですね。それはもうキツキツでしたよ。でもその後に飲んだビールがべらぼうにうまかった！　あの女性たちが言っていたことは間違いなかったんです。その感動を表現するなら、それまで苦いだけだったビールを初めておいしいと思う瞬間があるじゃないですか。それをさらに上回るうまさ、といった感じです。みなさんにも経験ありますよね。あの二度と味わえないだろうと思っていた感動を、さらにもうひとつ上回る感動を味わえるわけです。あのときは、走り終わったらそのままの勢いで、着替えもせずに近くの野外ビアガーデンに行って飲んだんですが、そういうシチュエーションもよかったんだと思います。

順位やタイムに縛られずに走る「スマイルラン」を楽しもう

気分転換
ファッション
健康
ランナーとの交流
家族と走る
学校のマラソン大会
順位
タイム
距離
きつそう

ランニング＝競技ではない楽しく笑顔で走ってみよう

「走る」ことについて何かを思い出すとき、おそらくすべての人が学生時代のマラソン大会をまっさきに思い浮かべるのではないでしょうか。しかし、「ランニング」＝「マラソン」では決してありません。なぜなら「ランニング」には順位やタイムといった概念がないからです。もちろん、「ランニング」の先には競技としての「マラソン」がありますが、それは「ランニング」がもつたくさんの魅力の中のひとつなのです。

順位やタイムに縛られずに走る。その象徴が「スマイルラン」、つまり「笑顔で走る」ということです。

そんなことといったって走れば苦

いろんな「ランニング」がある

健康やダイエット、気分転換、人との交流、ランニング後のビールのため。マラソンだけがランニングじゃない。人それぞれ、いろんな楽しみ方があっていいんです。

フルマラソンだけがマラソン大会じゃない

マラソン大会とひと口にいっても、5キロや10キロ、ハーフマラソンなど、距離も色々。また、走っている最中にその土地の名産品を楽しめたりする大会もあり、42.195キロを走るだけではなく、いろんな楽しみや参加の仕方があるんです。

ランニング・ファッションを楽しもう

「形から入る」というのもいい考えです。最近のランニングウェアは機能性だけでなくファッション性も高く、彩りも鮮やかで見ているだけでも気分が高揚して楽しくなるものが多くあります。ファッションをきっかけに、ランニングを始めるのもいいかもしれません。

しくなって笑顔なんかでいられなくなる。どこからかそんな声も聞こえてきそうですが、心配はいりません。「スマイルラン」でなにより大事なのは「笑顔」だからです。つまり、苦しくなるようなペースで走らない。苦しくなったら歩けばいいのです。

現在、全国にはたくさんのマラソン大会がありますが、実際はほとんどが「スマイルラン」です。一緒に走っている人と言葉を交わし、応援してくれる人とハイタッチを交わして、その街の空気を体全体で感じる。「ランニング」はシンプルがゆえに究極のアナログ体験です。「スマイルラン」を通じて自分の体と対話し、周りの人と触れ合うことは、きっとあなたに新しい世界をもたらしてくれるはずです。

さあ、レッツ・ラン！

朝ラン、旅ラン、撮るラン
自分に合った「ラン」を見つけよう

早起き
朝ラン
朝ごはんが
おいしい
頭が
スッキリ
1日が充実
早寝が
できる

ランがもたらす充実化サイクル

○○ランで走るモチベーションUP

走り始めのころはなかなか「走る」こと自体に興味が向かないものです。そんなときは「走りながら○○する」というように自分なりの口実をつくってみましょう。

たとえば「朝ラン」は朝、仕事や学校に行く前に走るということですが、全身を動かすことで脳が活性化し、頭がスッキリした状態で一日をスタートできます。早く起きることにより、早寝早起きの習慣がつくというメリットもあります。

「旅ラン」「撮るラン」というのも楽しいでしょう。旅先で走れば同じランニングであっても、今まで感じられなかったものが感じられたり、

撮るラン

ランニング中に出会った風景や出来事などを写真や動画に記録し、楽しむことを「撮るラン」という。旅行先でのランニングや遠方のマラソン大会に出場した際、こんな形でランを楽しむ人はとても多い。

旅ラン

旅ランとは、簡単に言えば観光とランニングをセットにして楽しむというもの。観光地や名産品を楽しむだけでなく、旅行先の見知らぬ街や自然の中を新鮮な気持ちで走り、楽しむことができる。シューズとウェアさえあればできるお手軽さも大きな魅力。

チャリティーラン

寄付金を納めてマラソン大会に出場し、走ることをチャリティーランという。また、そうやって走る人はチャリティーランナーと呼ばれる。ロンドンマラソンが特に有名で、参加者の4分の3がチャリティーランナーで寄付金の総額が80億円を越える場合もある。近年、日本のマラソン大会でもこうしたチャリティー活動は盛んになっている。

新しい発見があったりするかもしれません。写真や動画を撮影してみてもいいでしょう。家に帰ってからの動画の編集も楽しいものです。

自分のためだけではなく、誰かのために走るという「チャリティーラン」というものもあります。これは大会参加費の一部が被災地などの支援を行う団体への協賛金となり、大会当日には会場でイベントや活動報告などが行われたりします。東京マラソンのように個人、あるいは賛同者を募って10万円以上の寄付をすると大会参加ができる大会もあります。最近は「チャリティー」と銘打った大会も全国各地で数多く開催されていますので、そこで走ることをモチベーションとしてもいいと思います。

初心者はソールが厚く クッション性の高いものを選ぼう

初心者向け

見た目よりも機能で選ぼう

初心者向けはソール部分が厚く、クッション性能が高いのが特徴。着地時にかかるひざなどへの負担をやわらげてくれるため、正しい走り方を覚えるまでは初心者向けを履こう。

中級者向け

走ることに慣れてきたら

上級者向けに比べて反発力が高く、スピードに乗った走りをサポートしてくれる。レースに出場し、タイムを気にするようになったくらいが替え時期。

上級者向け

自己記録を求め始めたら

ソールが薄く、足袋のような接地感が得られる分、初級者には走りにくく感じられる。フルマラソンでそれなりの成績が収められるレベルの人が履くためのもの。

ソールの厚いシューズは
反発力が高いので
跳ねる感じで走れるよ

初心者は店員に相談して ソールの厚いものを選ぼう

現在、ランニングシューズは各メーカーからたくさんの種類が発売されています。選ぶ際にはデザインに目が行きがちですが、機能や性能によって初心者向け〜上級者向けがありますので、できれば最初は専門店でスタッフに相談して購入するのがよいでしょう。専用の足の測定器を置いてあるところもあり、気軽に相談にのってくれるはずです。

まだ走るための筋肉が十分についてない初心者には、ソールの厚いものがおススメです。厚いソールは体重の3倍ともいわれる着地の衝撃をやわらげてくれます。上級者になればなるほどソールは薄くな

シューズの履き方

1 かかとで地面をトントン叩いて
かかとをシューズに密着させる

2 靴ひもは「外から中」に通すと
フィット感が高まる

3 ちょうちょ結びをしてできた輪を
使って、さらにもう1度固結びを
するとよりほどけにくくなる

りますが、初心者がそれを真似してしまうと足首やひざ、腰などに負担がかかり故障の原因となってしまうことがあります。

　一般的に人間の足は左右で微妙に大きさが異なりますが、大きいほうの足に合わせましょう。ピッタリなサイズではなく、つま先に5〜10ミリほどの余裕をもたせます。シューズによっては足幅やプロネーション（足のかたむき）の違いに対応したものもあります。

　シューズを履く際には一度ひもを緩めます。つま先を立て、かかとをしっかりホールドさせてひもを締め、結び目のところは少し強めに締めます。

　実際に履いて店内で軽くジョギングして自分の感覚に合うものを選びましょう。

シューズの次はシャツやパンツなどのウェアを手に入れよう

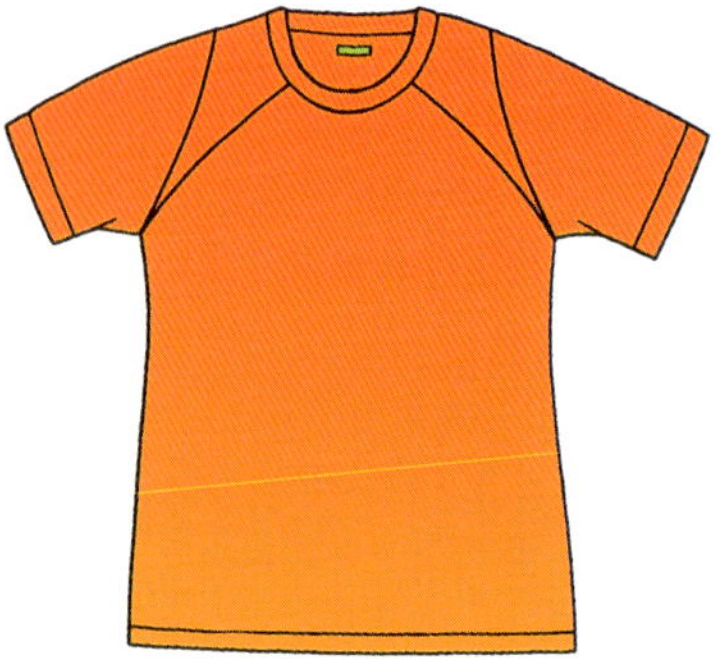

ランニングシャツ

素材がコットンなどの普段着るようなシャツでは、汗を吸って重くなり、体を冷やしてしまう。それに対して、ランニング用のシャツはポリエステルなどの素材でできており、基本的に速乾性に優れ、体にまとわりつくこともなく、とても快適だ。ノースリーブや長袖もあるので、季節や用途によって選ぼう。

ランニングパンツ

普通の短パンとランニングパンツの違いは、走ってみるとすぐにわかるだろう。デザイン自体が足にストレスを与えない造りになっており、軽くて速乾性にも優れている。シャツ同様、ぜひとも使ってもらいたいアイテムだ。

ランニングソックス

通常のソックスとの違いは、足の形に合わせて作られていたり、5本指になっている点。また、吸水速乾や滑り止めなど、機能性の高いものが多くある。専用というだけあって、疲れにくく、快適な走りのためにも用意しておきたいアイテムのひとつ。

ランニングタイツ

タイツはひざや脚の筋肉の動きをサポートしたり、血液循環を促す機能を備えたものなど、ランナーにとってとても心強い味方となってくれるアイテムだ。さらに、タイツを穿くとランニング初心者でも“なんとなくかっこいい”感じになるのも魅力。

ウインドブレーカー

少し肌寒く感じる春先や秋に重宝するのが、ウインドブレーカーだ。名前のとおり、風を防いでくれる役目を持つ上着。ファスナー付きのポケットがついていたりするので、小銭やカギをしまうのにもちょうどいい。

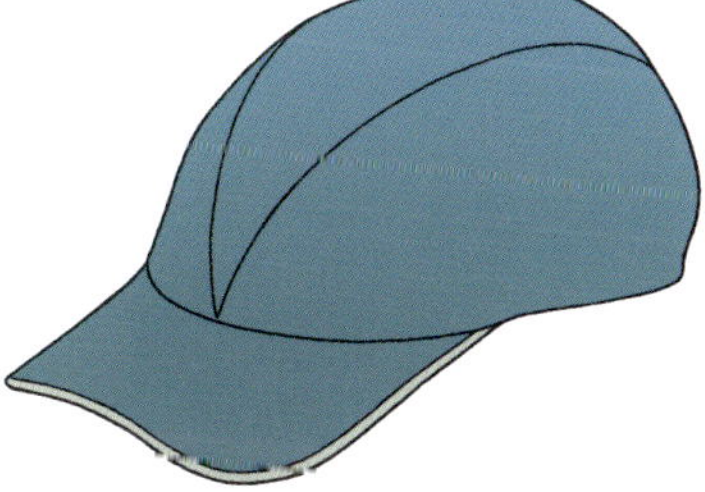

ランニングキャップ

頭部を日差しから防ぐために必要なアイテム。基本的に紫外線は一年中降り注いでいるので、常に被っておいてもいい。また、リフレクターの付いたものを選べば、夜間のトレーニング時に重宝する。高い位置が光っているほうが視認性が高く、車が見つけやすいのだ。

ランニングのサポートアイテム

ひとつひとつ選ぶのを楽しみながら少しずつ揃えていこう

ランニング用サングラス

明るい日差しのもとで走り続ければ、眼も疲れる。眩しさを感じ続けることは精神的なストレスにもなり、楽しいはずのランニングが楽しくなくなることにも。また、雨の日には水滴が目に入るのを防いでくれる。

ランニング用ウエストポーチ

今日はちょっと距離を伸ばしてみようかな。そんなときに役立つアイテムだ。選ぶ際はフィット感を重視し、必要なものを入れても重く感じないサイズのものがおすすめ。ボトルホルダーが付いたものなど、サイズやデザインも色々あるので自分好みのものを探してみよう。

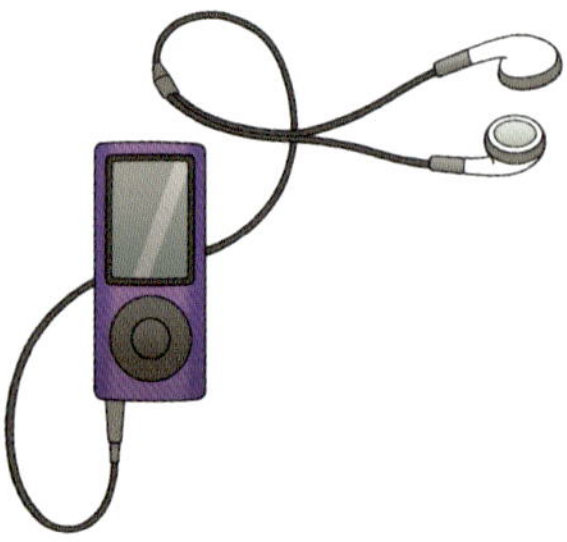

音楽プレーヤー

好きな音楽を聴きながら走れば、これまで走れなかった距離も走れるようになるかも？。気持ちを高揚させ、自分にとってプラスになると思えば利用してはどうだろう。ただ、ポケットに入れて走るとけっこうな違和感があるので、音楽プレーヤーを収納できるグッズなどを使い、快適性を確保しておきたい。

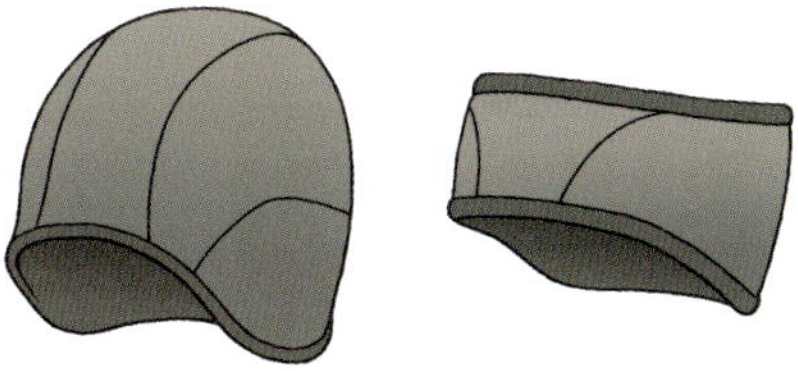

防寒アイテム ニットキャップ＆イヤーウォーマー

寒い時期に走っていると耳がとても冷たくなる。真冬にもなると、これがけっこうつらかったりする。ニットキャップは耳までかぶさるものもあるので探してみよう。ヘアバンドのようなイヤーウォーマーは、寒がりの人に最適かも。

防寒アイテム ランニングベスト

体温調節の点でも腕ふりを妨げない点でもおすすめなのが、ベスト。それに、袖があるものよりもコンパクトに畳めるので持ち運びも楽だ。ただし、素材がフリースだと温かくなりすぎたり、体温調節が難しくなるので、できたら避けたい。

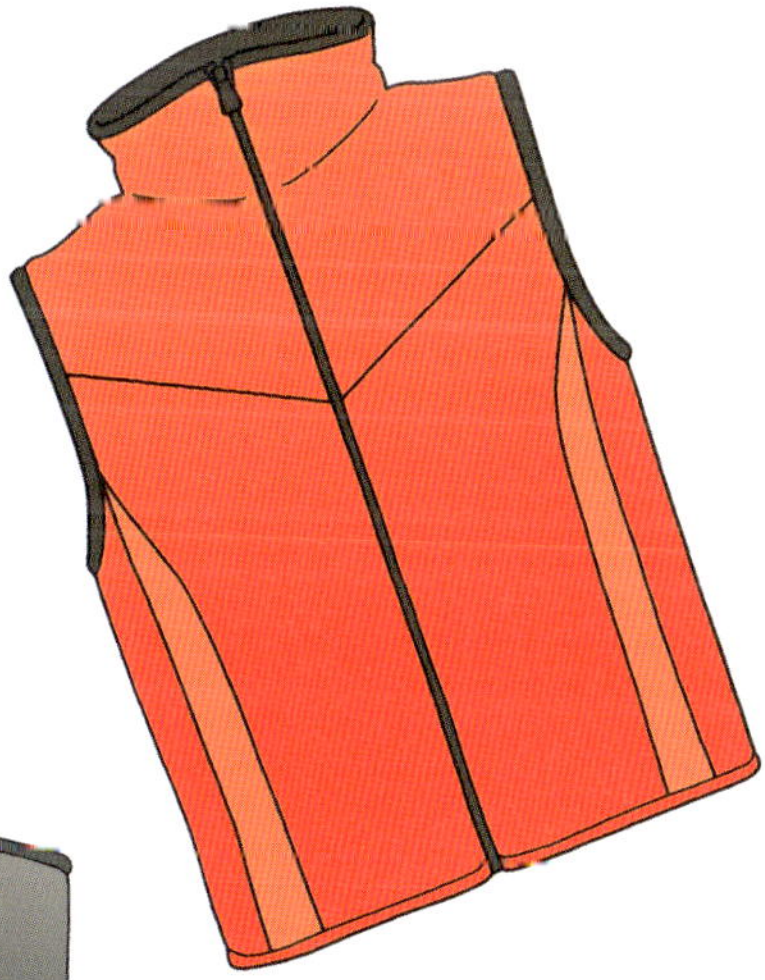

防寒アイテム ネックウォーマー

保温効果を得たい場合は首を温めるのが一番。極寒の日の必需品。

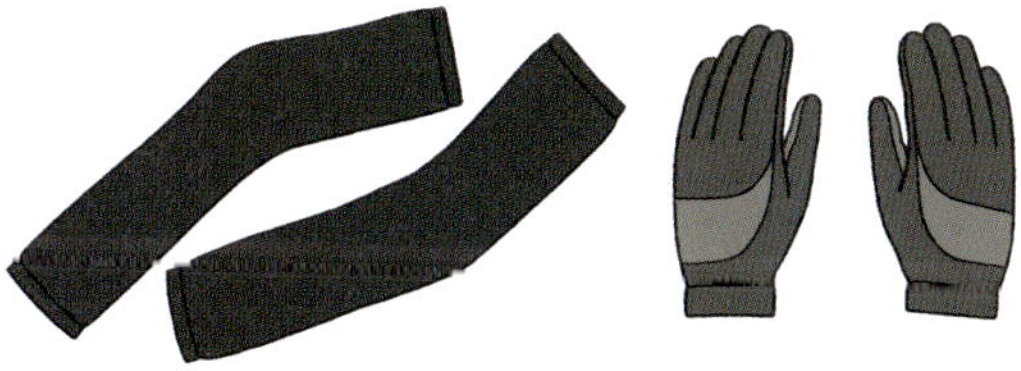

防寒アイテム アームウォーマー＆手袋

腕ふりを邪魔せず、温かくなってきたら丸めてしまえるアームウォーマーはかなり重宝するはずだ。ランニング用の手袋は指先でスマホの画面を操作できる工夫がされているなど、機能性の高いものが多い。

Column 1

［ボランティア］

ランナーでなくとも大会の“温度”を身近に感じられる

走り始め、少しずつ一度に走る距離が延び、ペースが速くなってくると、それと歩みを合わせるかのように大会に出てみたいと思うようにもなるでしょう。

とはいえ、自分はまだまだそんなレベルではない、もう少し自分の中でしっかり準備を終えてから出場したい。そんなふうに思っているのなら、ランナーとしてではなく、大会を運営するボランティアとして参加してみるのもひとつの方法です。

ひとりで気軽に走る練習とは違い、一度に大勢の人が同じコースを走る大会では、それを支えるために多くの人の手が必要になります。会場の整理から始まり、コースの設置、給水の用意、トイレ、緊急時の対応、大会後の片付けなど、見えるところ見えないところで実に多くの仕事があります。

そして、なによりもボランティアとして大会に参加したときの一番のメリットは、今度はランナーとして参加する自分をイメージしやすくなり、モチベーションも上がってくるということです。

実際に現地にいるとよくわかりますが、ランナーとボランティアの距離は驚くほど近いのです。笑顔でハイタッチを交わしているというのはおなじみの光景で、なかには給水地点などでランナーと談笑を始めるボランティアもいます。

2013年の第7回「東京マラソン」のボランティアにSHELLYさんが参加。同大会のボランティア総数は、なんと1万888人もいたとか

第1回 ちばアクアラインマラソンで、8.2キロ地点・第2給水所のボランティアスタッフの仕事を体験したSHELLYさん。ほかのスタッフの方々との息もぴったりだった

第2章

気持ちよく走るために

ランニングの準備をしよう

田村亮
×
ラン×スマ
2

しんどかったら歩いてもいい この言葉で気持ちが楽になった

ランニングとマラソンは似ているようでまったく違う

第3回目の放送で「走る」と公言し、なんとなく週1回くらいのペースで走り始めたんですが、だからといってじゃあ10キロの大会を目指す、ハーフマラソンを目指すと、すぐになったわけではもちろんありません。

とりあえずハブくんと一緒に4.8キロは走れたのでその距離をチョコチョコと週1回くらいプライベートで走るようになった感じです。準備したのもシューズくらい。着るものはTシャツとか動きやすそうな服を適当に引っ張り出して、頭にはタオルを巻いていました。

距離を延ばそうとかタイムを縮めようとかいう発想はまったくありませんでしたね。頭の中にあったのはただひとつ、どうやったらうまいビールが飲めるかということだけ。だから距離にしても、延ばすというよりはなんとか短くできないかなと。たとえば3キロでも実はうまいんじゃないかとかね。同じくらいうまいなら、4.8キロも走る必要はないわけですから。でも3キロよりはやっぱり4.8キロの方がうまかった。不思議なものです。

2012年10月7日の放送では、ハブくん、ニブンノゴの宮地さん、なかやまきんに君とともにランニング。締めはやっぱりビールでした

つらくなったら
歩く
それでもいいんやね

走り始めて思うのは、ランニングとマラソンは似ているようでまったく違うものだということです。「走る」というと多くの人は学校でやった「マラソン」をイメージしてしまうと思いますが（実際、僕もそうでした）、「ランニング」はそういうものではないんですね。走り始めたからといって別にフルマラソンを目指す必要もないし、それぞれが様々なモチベーションで、できる範囲でやればいいんじゃないかと思います。

だから途中で苦しくなったりつらくなったりしたら歩いてもいいんです。番組の収録で金さんと7キロを初めて走ったとき、「しんどかったら歩いてもいいからね」と言ってくれたときは、本当に気持ちが楽になりました。「ああ、そうか歩いてもいいんだ」って。考えてみればあたりまえなんですけどね。別に学校の授業ではないんだし、自分の意志で走っているんですから、途中で歩いたっていいんです。

実際、公園なんかを走っていると歩いている人って意外に多く見かけます。もちろん中にはゼーゼー言いながら、本格的に走っている人もいますが、そういう人は本当にごく一部。顔を歪めてまで走っている人はそんなにいません。みんな、苦しくなる前、つらくなる前に歩いちゃっている。だから笑顔で気持ちよさそうにしている。本当にストイックとはほど遠い世界です。ほとんどの人は「走る」＝「マラソン」＝「苦しい」「つらい」だと思いますからちょっとしたカルチャーショックだと思いますよ。

それに、そもそも苦しくなるような、つらくなるような走り方をしていません。僕も湘南国際マラソンで10キロを走る前までは、1キロ7分～7分半のペースで走っていました。

いまのライフスタイルを犠牲にしないから「ラン×スマ」

この7分～7分半というペース、口でいわれてもなかなか実感できませんよね。でも走ってみればわかります。ウ

走ってる俺ってかっこいいかも（笑）

ォーキングの延長って感じです。このペースなら息もあまり上がらないし、ゼーゼーハーハーして苦しくなったりしない。

それよりも走り始めはひざとか足首が痛くなったりするかもしれません。このくらいのペースで走るのなら心肺機能については気にする必要はないと僕は思います。煙草を吸っていても、お酒をガバガバ飲んでいても大丈夫でしたから。むしろ心配なのは筋肉系です。走ることに慣れていないとやっぱり負担はかかります。だから、ストレッチや筋トレ的なものはしっかりやっておいた方がいいと思いますね。1キロ7分〜7分半のペースで10キロ未満の距離なら、初心者でも気持ちよく走れると思いますし、おすすめできます。煙草やお酒をやめる必要もないですし、夜遊びをやめる必要もないと個人的には思います。

僕は、それらをやめなければならないのなら走りません。だって、それじゃ楽しくないですもん。走るのはあくまで生活の中のひとつの趣味。楽しいから走るのであって、何かを犠牲にしてまでやるものではないと思っています。自分が楽しく走ってこその「ランニング」。そういう意味でもストイックとは無縁だと思っています。

僕はだいたい夜の時間帯に走っています。仕事の関係でどうしてもその時間帯になることが多いのですが、ビールを飲むことを考えるとやっぱり夜がいい。でも朝に走る人の気持ちもわかりますよ。一汗かけば体もすっきりするし、頭の回転もよくなるでしょうから。

走るコースは近所の公園が多いですね。街中だと信号がありますし。ただ、これも個人差があって信号があっても、たとえば川沿いを走りたいという人もいるので、実際に自分で走ってみて自分が好きなコースを探せばいいと思いますよ。僕も公園は公園でも、ランニングコースがきちっと決められているところはあんまり得意ではありません。その日の気分で自分でコースを決めて走れるような公園が好きですね。

あと、走るようになって感じたのは、なんとなく自分に自信が持てるということでしょうか。走っている自分が格好いいというか（笑）。別に他人に自慢するつもりはないんですけどね。ただ、自分の自分を見る目が少しだけ変わるというか。自己肯定感とまでは言えないんですけど。たとえば子どものサッカーの練習についていって、その待ち時間に走っている自分に対して「父さんもがんばっているぞ」みたいな（笑）。ただ子どもについてきて待ち時間をぼーっと過ごしていない自分をちょっと誇らしく感じたりするんですね。

まあ「そんなん気のせいだよ」と言われればそうかもしれませんけど、ひとつ言えるのは自分にとって悪いことは何もないということですね。苦しくもないし、つらくもない、何かを犠牲にしているわけでもない。「走る」というのはシンプルな体の動きですけど、それと同じように走る理由もシンプルなものだと思いますよ。

「肩甲骨・丹田(重心)・骨盤」3つの部位を意識して走ることが大切

肩甲骨

肩甲骨を動かして行う正しい腕ふりによって体幹を使った走りが可能となる

丹田(重心)

丹田を感じ、丹田に重心を据えられるようになると体の動きはとても安定する

骨盤

肩甲骨の動きに連動して骨盤が動き、腰が回ることで脚が前に出やすくなる

「走る」という動作は、腕ふり・肩甲骨を動かす→動きが骨盤に伝わる・脚を動かす→丹田（重心）の真下で着地する。この動作がスムーズに連動することで、正しい「走り」が可能となる

キレイにラクに走るためにまずは体を目覚めさせる

普段運動をしていない人にとっては、体を動かすこと自体が少し勇気のいることかもしれません。

そこでまずはランニングに必要な機能を整理しながら「体を目覚めさせて」いきましょう。

ランニングに必要な機能は「体のバランス」「心肺機能」「筋肉」の3つです。なかでも「体のバランス」はすべての基本です。

ポイントとなるのは重心と体幹です。重心がしっかり収まると体の中心に一本の線がとおり、胴回りの体幹が安定します。体幹をしっかり使って走れるようになると前後左右に体がブレなくなり、楽に前に進めるようになります。

丹田（重心）の位置を知る

仰向けになり、上半身を起こし、脚を揃えて浮かせる。バランスを取り、おへその周辺で一番力の入っている部分を探す。そこが丹田である

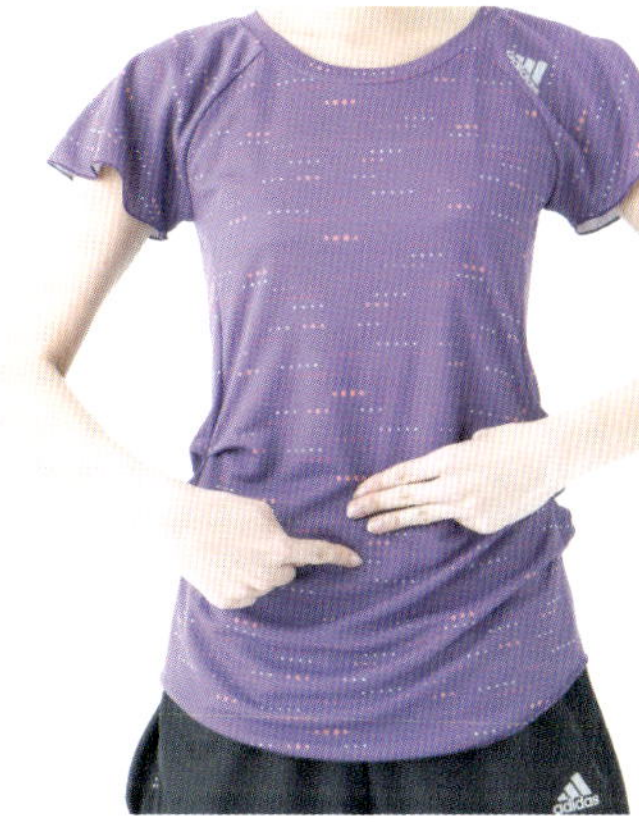

おへそから5センチほど下に丹田はある

体幹（丹田）力をチェックする

床に座り、上半身を少し倒して両足を揃えたまま浮かす。その状態から、丹田に力を込めてお尻を浮かす

高く浮かす必要はない。少しでも浮けば、丹田の位置を知り、丹田を使えているということ

体幹を上手に使うポイントは「丹《たん》田《でん》」「肩甲骨《けんこうこつ》」「骨盤」の3つです。丹田はおへそから5センチほど下の部位です。ここの筋肉に力を入れると体の中心に一本の線が通ったようにバランスがよくなります。そして、肩甲骨をしっかり引くことで骨盤が回りやすくなり、それにつられて足が自然に前に出るようになります。丹田に力をいれ、お尻の穴を後ろに向けるようにして骨盤を前傾させるときれいなフォームで走れるようになります。

「心肺機能」「筋肉」は走るうちに自然に向上していくのでそれほど気にする必要はないでしょう。ただし、片足立ちで屈伸が3回できない場合は筋力が不足しているので、1キロ10分くらいのウォーキングから始めるのがよいでしょう。

「きれいに歩く」の延長にあり

肩の力を抜く
肩の力を抜き、
肩甲骨を引く。
肩甲骨の動きに
連動して
骨盤が回旋する

体幹をしっかり使い
腰から下が
脚になるイメージで

実際に走ってみる前に、体を慣らす意味でもウォーキングから始めてみましょう。「きれいに走る」は「きれいに歩く」の延長にあります。

右（左）肩を引くときは右（左）の腰が前に出るという意識をもってみましょう。肩甲骨と骨盤がスムーズに連動すれば、肩甲骨を引くだけで骨盤が回旋し、自然と足が前に出るようになります。腰から下がすべて脚になったようなイメージで歩いてみましょう。肩からは力を抜き、目線はまっすぐ前に向けておきます。

体幹をしっかり使って歩けるようになると姿勢よく颯爽と歩けるようになります。動画を撮って、

「きれいに走る」は

骨盤を意識する
骨盤が動くから
勝手に脚が前に
出てしまうという
イメージで歩く
目線は真っすぐ
目線が
下に向くと
丹田に力が
入らなくなる

歩き方が
きれいになれば
きれいな走りも
身につきます

後で確認してみてもいいでしょう。

歩くことに慣れてきたら徐々にスピードを速めていってみましょう。1分間に120歩くらいのペースで歩けるようになれば、ランニングにもスムーズに移行できます。

歩くというのは日常生活でも欠かせない動きです。普段から意識しておくことで見た目の印象も変わってくるでしょうし、骨盤を回旋させる動きを続けることで腰がくびれてきますので、スタイル改善も期待できます。

体幹
エクササイズ 1

ひじ回し

（20回）

肩甲骨の柔軟性を
高めるエクササイズ

両足を肩幅に開いてまっすぐ立ち、腕を曲げて左右のひじを肩と水平になるまでもちあげます。

左右の肩甲骨を引き寄せながら、ひじを後ろ方向に大きく回します。

体幹エクササイズ 2 腕ふり

（30回）

肩から背中にかけての筋肉を柔軟にするエクササイズ

両足を肩幅に開いてまっすぐ立ち、体の側面に沿って腕をリラックスさせて伸ばし、前後に大きくふります。

上に腕をふり上げたときひじが曲がらないように注意しましょう。後ろに伸ばした腕は伸び切ったところからさらにぐっと伸ばします。

体幹
エクササイズ 3

ツイスト

（左右あわせて 30 回）

上半身と下半身がスムーズに
連動する感覚をつかむエクササイズ

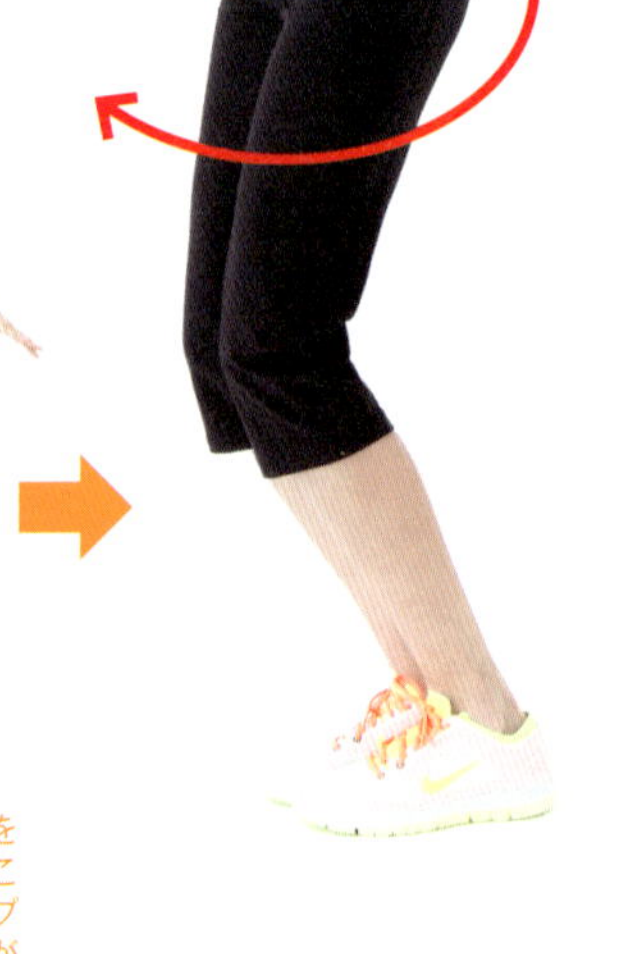

顔はまっすぐ前を向いたまま、上半身と下半身がねじれるイメージをもちましょう。このとき、ひねりにつられて軸がブレないように注意しましょう。

両足を閉じてまっすぐ立ち、両腕をリラックスさせて軽く広げます。この姿勢のままリズミカルにジャンプして、肩のラインと骨盤のラインがねじれるように体をひねります。

体幹
エクササイズ 4

後ろ脚上げ

（左右各 15 回）

中臀筋《ちゅうでんきん》（お尻の上のほうにある筋肉）を鍛えるエクササイズ

1 おしりの上（中臀筋）に手を当てて、浮かせた脚をまっすぐ伸ばしたまま斜め後ろに振り上げる。手をあてた中臀筋が動くのを意識して脚を振り上げましょう。

2 片方が終わったら左右を入れ替えて行います。体重は前足にかけたまましっかり立ちましょう。

※中臀筋は体を支える上で重要な役目を果たす筋肉。お尻の筋肉が使えないと脚だけに頼ったランニングになってしまう。

体幹
エクササイズ 5

前ももスクワット

（20回）

着地の衝撃を受け止める
太もも前側の筋肉に効果があるエクササイズ

両足を肩幅に開いてまっすぐ立ち、脚の付け根に手を添えます。

顔をまっすぐ前に向け、背筋を伸ばしたままお尻をつきだすようなイメージで膝を直角に近いところまで曲げていきます。猫背になったり、がに股や内股にならないように注意しましょう。

体幹
エクササイズ 6

後ろももスクワット

（20回）

体を前に押し出す原動力となる太もも後側とお尻の筋肉に効果があるエクササイズ

両足を肩幅に開いてまっすぐ立ち、お尻の上部に手を当てます。

顔をまっすぐ前に向け、背筋を伸ばした状態でお尻をつきだすようなイメージで膝を曲げていきます。このとき膝がつま先よりも前に出ないように注意しましょう。効果が小さくなってしまいます。

体　幹
エクササイズ　7

お尻バランス

（左右あわせて１０回）

重心の意識を高める
エクササイズ

座った状態からお尻を支点にして両脚を上げ、上半身とバランスをとります。重心周辺の腹筋に力が入っていることを確認します。

重心の位置を変えずに、そのまま上半身だけをひねります。左右交互に行います。

お尻を支点に上半身と両脚でバランスをとって座り、上半身を左右にひねります。

体幹エクササイズ 8

腹筋

（20回）

体を支えたり、脚をスムーズに前に出したりするために必要な下腹部の腹筋を鍛えるエクササイズ

手を下腹部に置き、脚をくっつけてまっすぐ伸ばして仰向けに寝ます。

脚を伸ばしたまま両脚を離さずにゆっくりと持ち上げ、上げ・下げを繰り返します。下げるときは脚を床につけましょう。手を置いた下腹部の筋肉を使う意識をもちます。脚を上げるときにひざが曲がらないように注意しましょう。効果が小さくなってしまいます。

体幹
エクササイズ 9

腰上げ

（15回）

腸腰筋《ちょうようきん》（お腹の深部にある筋肉）に効果があるエクササイズ

両手を頭の後ろに置いて仰向けになり、両脚をくっつけたままひざを直角に曲げて持ち上げます。

お腹の奥にある筋肉を使う意識でゆっくり腰を真上にもちあげます。反動を使わないように注意しましょう。

腰が持ち上がらない場合は、両手で床を押しつけてサポートしてみましょう。

※腸腰筋は骨盤を動かすために必要な筋肉

オリンピック銀メダリスト直伝！

股関節の柔軟性を高める
しこふみトレーニング

教えてくれた人

エリック・ワイナイナ

1973年12月19日生まれ。ケニア出身。93年、高校卒業後に来日。コニカ陸上競技部に所属し、94年北海道マラソンで優勝し注目される。96年アトランタ五輪で銅メダル、2000年シドニー五輪で銀メダルを獲得。明るい性格の持ち主でサービス精神旺盛。「日本が第二の故郷」という言葉どおり日本全国のマラソン大会に数多く出場している。

背筋を伸ばし、つま先を外側に向けて両足を肩幅に広げます。

腰を落として片足を上げておろします。ひと呼吸置いて両足をつけたまま腰をさらに落とします。左右あわせて10回行いましょう。

「走った時間」を大切に

目線はまっすぐ
疲れてきても
目線をまっすぐに保つ。
あごが上がらないように
注意しよう
正しいフォームを
覚えるためにも、
走り始めは
ゆっくり走ろう

ゆっくり走って
フォームをしっかりと
身につけましょう

「速さ」より「時間」を大事にしてゆっくり走る

ウォーキングで体慣らしが終わったら、実際に走ってみましょう。ウォーキングとランニングの違いはたったひとつしかありません。それは「両足が宙に浮く時間がある」ということです。「歩く」と同様に「走る」というのも人間の基本的な動きなのです。

とはいえ、準備運動はしっかり行いましょう。歩くことに比べてランニングでは体にかかる負担が大きくなります。詳細は46ページ以降で紹介していますが、準備運

最初は速さよりも

骨盤は前傾させる
丹田を強く意識

骨盤を前傾させて走れば、
走りがとてもラクになる

歩くときよりも、
当然動きが大きくなるので
丹田への意識を強くしよう

動だけでなく、ケガ予防や疲れを残さないためにクールダウンもしっかり行いましょう。ケガをしない、疲れを残さないというのもランニングを長続きさせるための大事なポイントになります。

走り始めは1キロを7分～7分半のペースでゆっくりと走ってみるといいでしょう。実際に走ってみるとわかると思いますが、ウォーキングを少し速くしたくらいのペースです。

走るとなると「速さ」に気をとられがちですが、最初は速さよりも「走った時間」を大切にしましょう。ゆっくり走れば疲れにくく、そのぶんフォームは乱れにくくなります。また、長時間走ることで筋肉がつきやすくなり、脂肪も落ちやすくなります。毛細血管が広がって全身にくまなく血液が巡ることで健康状態の向上を期待できるというのも大きなメリットといえるでしょう。

走る前のストレッチ 1 ふくらはぎ

（左右 10 秒間）

両脚を前後に開きます。かかとをしっかり地面につけたまま、少しずつふくらはぎを伸ばしていきます。その際、かかとが浮かないように注意してください。ふくらはぎのストレッチは、アキレス腱の故障予防にも効果がありますので念入りに行いましょう。

POINT
かかとを浮かさないように

伸ばすときに反動をつけない

走る前のストレッチ 2 足首

（左右 10 秒間）

両脚を肩幅に広げて立ちます。ゆっくりと足を外側に開いて、足首の外側をストレッチしていきます。姿勢が崩れないように注意してください。足首のストレッチは捻挫などの予防にも役に立ちますので、毎回やるようにしてください。

POINT
下を見ないで体がふらつかないように

背筋を伸ばし、姿勢を崩さないように注意しよう

走る前のストレッチ 3 太ももの前

（左右 10 秒間）

片脚を折り曲げてお尻の後ろに付けて、太ももの前の筋肉を伸ばします（同時に、足首の前の筋肉も伸びます）。 体が前に倒れないようにしっかりバランスをとります。 太ももの前の筋肉は、ランニングの時にいちばん疲れるところなので、念入りに行ってください。

POINT
体が前に倒れないように

痛みが出ない程度に行う

走る前のストレッチ 4 太ももの裏

（左右 10 秒間）

脚を体の前で交差して、ゆっくりと上半身を前に倒していきます。後ろの脚の太ももの裏の筋肉が引っ張られる感覚が得られるはずです。痛みが出ない程度に伸ばします。ある程度スピードを出したランニングの時に非常に疲れる部位なので、ときどき行うようにしてください。

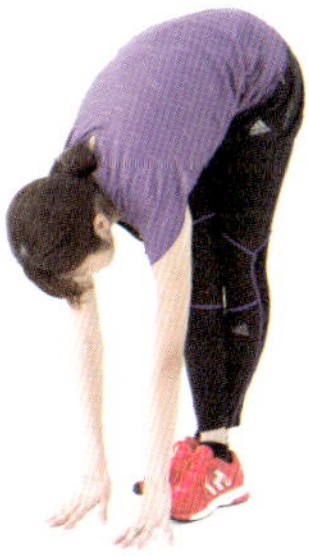

POINT
後ろの脚のひざは曲げないように

息を吐きながら、上半身を前に倒す

走る前のストレッチ 5

ヒップ

（左右10秒間）

両手で片脚を抱えて、バランスを取りながら足を上の方に引き上げ、片脚立ちをします。普段はあまり使わないお尻の筋肉を伸ばします。体がふらつくときにはお腹に力を入れると体が安定しますので、やってみてください。

POINT

腹筋に力を入れて軸足を安定させる

走る前のストレッチ 6

背中

（左右10秒間）

肩を体の中央に寄せる方の腕は伸ばす

両足を大きく広げて中腰になり、股関節を開きます。両ひざの上に手を置いて、肩を体の中央に寄せていくと、背中と腰にかけての関節と筋肉が伸びていきます。

POINT

背中が丸くならないように

走る前のストレッチ 7

腰（体側伸ばし）

（左右10秒間）

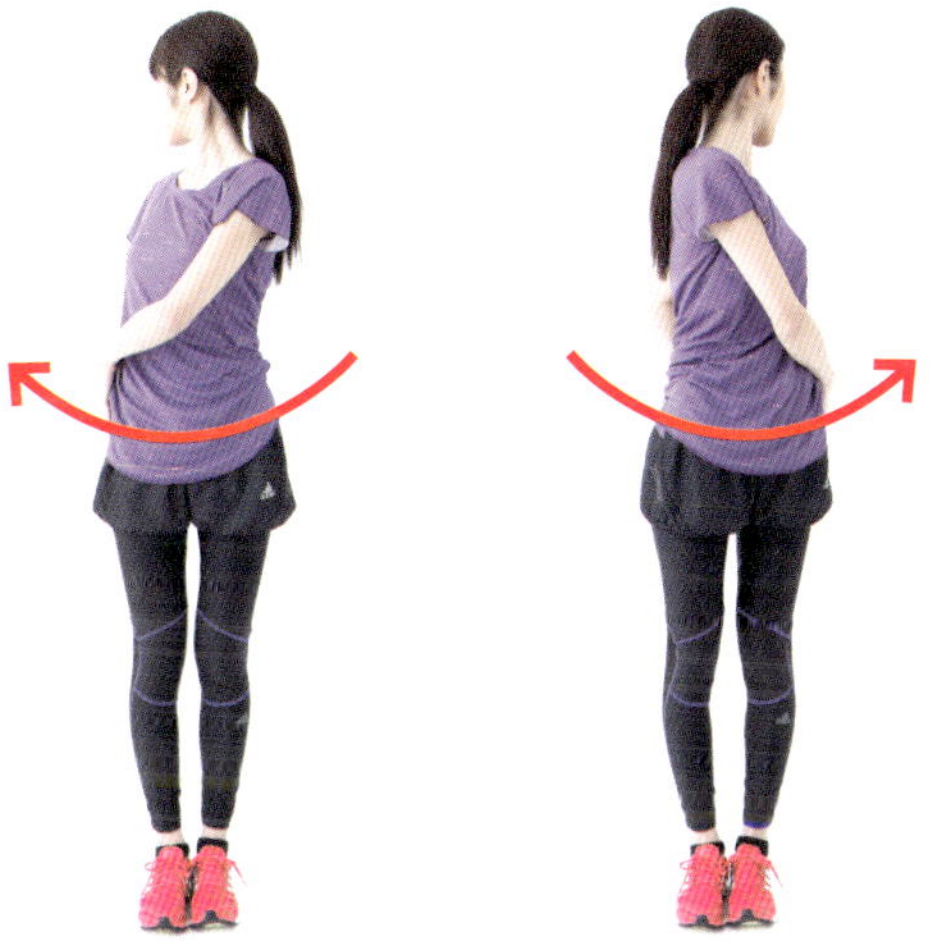

下半身を安定させながら、上半身を体の真後ろにひねっていきます。腰は長い時間走ると疲れてくるので、念入りにストレッチしておきましょう。

POINT
下半身は動かさないように

腰から下は動かさず、正面に向けておく

走る前のストレッチ 8

肩甲骨

（10秒間）

両腕を前に出して、大きなボールを抱えているイメージで肩甲骨を両側に引っ張ってください。肩甲骨の柔軟性は、腕ふりと呼吸に影響しますので、硬くならないようにストレッチをしてほぐしておいてください。

POINT
大きなボールを抱えるように

肩甲骨を開くように肩を前に出していく

走る前のストレッチ 9

肩

（左右10秒間）

伸ばした方の腕を、もう一方の手で手前に抱えるようにして、肩の筋肉と背中の筋肉を同時に伸ばします。肩の筋肉が硬くなっていると、腕ふりがしづらくなるので、肩の柔軟性をキープするようにしてください。

POINT
上半身を十分にひねる

肩から腕の外側にかけての筋肉を伸ばす

走る前のストレッチ 10

首

（１０秒間）

後頭部を両手で押さえ、頭を前方に倒して首の筋肉を伸ばします。首の筋肉をストレッチすることで、頭への血流が増え、すっきりします。ストレッチの仕上げとして行ってください。

POINT
腰や背中が曲がらないように

仕事中に頭をすっきりさせるのにも有効

走った後のストレッチ 1 ふくらはぎ

（左右１０秒間×２～３回）

足を前後に開いて、後ろ脚のふくらはぎとアキレス腱をゆっくりと伸ばします。かかとが浮かないように地面にぴったりとつけて。走った後のストレッチは疲れを早くとり、翌日に疲れを残さないためにも大切なので時間をかけて行いましょう。

POINT
走った後はじっくりと

反動をつけずにじっくりと伸ばす

走った後のストレッチ 2 骨盤

（左右１０秒間）

足を前後に大きく開きます。自分の手で後ろの足の骨盤の一番上の方を押します。ランニングによって生じる腰痛の予防にもなりますので念入りに行いましょう。

POINT
ゆっくり前方向に押す

手で伸びた脚のほうの骨盤を押す

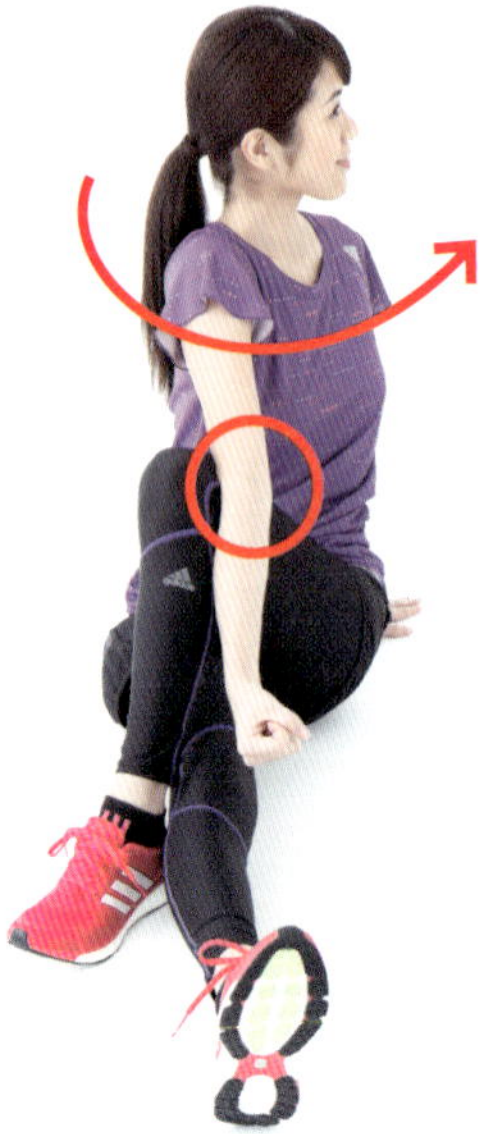

走った後のストレッチ 3 腰

（左右１０秒間）

片脚のひざを立てて、伸ばした脚と交差させたら、ひざを立てた脚側に上半身をひねっていきます。立てたひざに腕をかけ、てこの原理でひねります。走った後に腰をゆっくりストレッチすることで疲れを回復させてあげましょう。

POINT
背筋を伸ばして上半身をひねる

ひざにかけた腕側の背中が伸びるのを感じる

走った後のストレッチ 4 ヒップ

（左右２０～３０秒間）

反動をつけずにじわーっと伸ばす

POINT
上半身をしっかり前に起こす

ひざを立てて座り、片方の脚の外側のくるぶしを反対の脚のひざの上に乗せます。その姿勢のまま、上半身を前方へ起こすと、ひざに脚を乗せたほうのお尻の筋肉が伸びていきます。

走った後のストレッチ 5 股関節

（20 ～ 30 秒間）

両足の裏と裏を合わせて、からだのほうに少し引き寄せます。ひざを少しずつ地面の方向に近づけながら、ゆっくりとストレッチをして股関節を広げていきます。ストレッチをするときには呼吸は止めずにリラックスして筋肉をほぐしてください。

POINT
勢いをつけずにゆっくりと伸ばす

呼吸を整えてゆっくりと行う

走った後のストレッチ 6 腰まわり

（左右 20 ～ 30 秒間）

仰向けに寝た状態で片足をあげ、反対方向に倒します。倒した足と反対方向に上半身をひねって腰まわり全体を伸ばしていきます。

腰と一緒に上半身をひねるとストレッチにならない

POINT
上半身は正面を向くイメージで

走った後のストレッチ 7 背中

（20 ～ 30 秒間）

POINT

ゆっくり
息を吐きながら
伸ばす

仰向けになり、足先が頭の上の方にくるように体を大きく折り曲げて背中の筋肉を伸ばします。正しい走り方のポイントは体幹部を上手に使うこと。そのため、走った後に背中をきちんとほぐしておくことは、楽に走るためにとても大切です。

腰や背中など体幹部の筋肉がほぐれる

走った後のストレッチ 8 太ももの前

（左右 20 ～ 30 秒間）

片脚を折り曲げて太ももの前の筋肉を伸ばしていきます。体を少し後ろに倒すことで、より太ももの筋肉が伸びていきます。ひざ周りの痛み、故障は太ももの前の筋肉をほぐすことで ある程度の予防ができます。

POINT

上半身を
反らす

痛みが出ない程度に行う

走った後のストレッチ 9 太ももの外側

（左右 20 ～ 30 秒間）

両ひざを軽く曲げ、ひざの外側の上に反対方向の脚の外くるぶしを乗せます。上半身はまっすぐにしたまま、ひっかけた足でひざを立てた足を倒します。ひざの外側が痛くなることは初心者に特に多いので、積極的に行いましょう。

POINT
上半身はまっすぐに保つ

ケガの予防にもなるので入念に行う

走った後のストレッチ 10 全身

（20 ～ 30 秒間）

両手を合わせ上にあげ、つま先立ちになりながら全身の筋肉を伸ばしていきます。背筋を十分に伸ばすイメージです。このストレッチは走った後のストレッチの最後のしめくくりになります。

POINT
背筋を十分に伸ばす

息を吐きながら伸ばしていく

Column 2

［練習コースとマナー］

街全体が練習場所だが他の利用者への迷惑行為ルール違反は厳禁

走れるところならどこでも練習場所になってしまうというのはランニングの特長です。

最近では街中にも、川沿いや公園の中にランニングコースが設置されるようになってきましたが、コースが設定されていない一般道路でも練習はできます。

どういったコースを練習場所にするかは完全に個人の好みです。信号や踏切で止まるとリズムが乱されるから道路は走りたくないという人もいれば、逆にそれがメリハリになるという人もいます。

公園内のコースにしても、きちっと決められていて走った距離がひと目ですぐにわかるからいいという人もいれば、単調であることに飽きを感じてしまう人もいたりします。ちなみに亮さんは後者のタイプです。同じ公園を走るにしてもコースが決められているよりは、毎回自分の気の向くままに走れるような公園が好きだといっていました。

ただ、いずれにしても街中を走る場合は、公的な場所を使わせていただいているという謙虚な気持ちを忘れないようにしましょう。他の歩行者や利用者の妨げになることを避けるのは当然ながら、信号無視や立ち入り禁止地区に侵入するなどといったことも絶対にしてはいけません。

第3章

10キロに挑戦

正しい走り方を知ろう

田村亮×ラン×スマ 3

走っている最中に初めて感じた「気持ちいい！」という感覚

「正しい走り方」でガニ股猫背を直して10キロに挑戦

走り始めてからまもなくして大会に参加することを表明しました。走るならやっぱりレースに出てみたいですし。ただ、フルマラソンではありません。ハーフでもありません。10キロです。「マジで？」と思う人もいるかもしれませんね。そうですよね、実際僕も本番では一緒に走った人に言われましたもん、「えっ10キロ？」って。番組企画で走るなら、せめてハーフは走らないと格好がつきませんよね。普通に考えれば

そうなんや！
正しい走り方が
わかったら
えらい楽になるんや

僕もそう思います。でもフルもハーフもまったく考えませんでした。だって僕の走る目的は相変わらず「走った後にうまいビールを飲むこと」なんですから。そんな余分に長い距離を走る必要はまったくないわけです。

とはいえ、練習はそれなりにしましたね。だって一応大会なわけですし。ひとりで公園を走るのとはやっぱりわけが違います。子どもの発表会くらいの本番感はあるわけです。

練習は週1回、5～7キロを1か月～1か月半くらいやりました。ペースは相変わらず1キロ7～7分半くらいなものですね。10キロを超えて走るという練習はしませんでした。これ、ちょっと不思議なんですけど、ランニングではこれが一般的みたいなんです。普通、スポーツの練習では本番でへばらないために練習でものすごい負荷をかけたりするじゃないですか。たとえばサッカーなら90分間走り続けるために練習では110分走り続けられるようにするとか。僕の高校時代もそうでしたもん。マラソン大会があっても優勝するのはいつもサッカー部のやつで、「うげっ、陸上部のやつも勝てんのか!?」ってそれくらい走り込む。

でもランニングはそうではないんですね。とりあえず7キロくらい走れてくると10キロがイメージできてくるんですが、それでいいみたいなんです。7キロ走った後に「これであと3キロか。ならいけそうやな」という感じで本番で初めて10キロを走りました。

では、この自分にとって未知となる3キロのイメージをどうやって埋めていくかというと、僕の場合は「正しい走り方」を身につけるということだったんですね。足の運びや着地の場所、腕のふり方、呼吸の仕方、上半身と下半身の連動性の高め方や上り坂、下り坂を走るコツなどを番組を通じて学んでいきました。

いわばそれまでは好き勝手に自己流で走っているわけですね。それで7キロも走るとビールはおいしいけどやっぱりしんどい。僕にとって正しい走り方を教わるということは、このしんどさを、つまり限界を感じる距離を、どうやって7キロから10キロまで引き上げるかということなんですね。それにやっぱり番組視聴者からの悩みなんかに金さんが答えているのを聞くと自分でも試してみたくなるじゃないですか。4.8キロの時と同じようにおいしくビールが飲めるなら少しでもしんどくない方がいいに決まってます。とまあ、そんな感じで「走る技術」に目を向けていったわけですが、自分的には腕ふり、呼吸、

ハーフマラソンに挑戦する前には、金さんのサポートでみっちりトレーニングを積み、正しい走り方を学んでレベルアップしてきた

着地なんかが教わる前と後では、かなり改善されて楽に走れるようになりましたね。腕ふりは後ろに引くことが大事なのですが、そうすると胸を張れるようになって呼吸も楽になります。呼吸はしっかり吸うためにしっかり吐く。しんどくなったときはスピードを緩めて深呼吸すると少し楽になって気持ちもリセットできます。着地については、もともとが結構なガニ股なんで丹田《たんでん》を前に落とす感じで足をまっすぐ出すことを心がけるようにしました。

このままずっと走っていけそう。レース中に訪れた「感覚」

そんなこんなで迎えた大会当日は天気もよくて上々のコンディションでした。ドキドキワクワクしながら合図を待って、いざスタート！　はじめての大会で、収録もあるということで金さんに伴走してもらうという至れり尽くせりの状況だったわけですが、無事に完走できました。

給水もうまくいきましたね。コップを取るというのは普段何気なく当たり前のようにやっていますが、走りながらとなるとこれがけっこう難しかったりするんです。まあタイムを気にしないのなら立ち止まって取ってもいいんですが、そこはやっぱり格好よくいきたいじゃないですか。コップは横からひったくるように取るのではなく、上からコップの縁をつまみあげるように取るとうまくいくんですが、その練習も事前にしました（笑）。スタッフは「なんで?」みたいな顔をしていましたが、これも僕にとってはレースを走るモチベーションだったのです。

この大会に出て一番の収穫だったのは、走ることを目的としている人の気持ちがわかったということですね。何がどうわかったかというと、走っている最中に「気持ちいい」と思える時間があるということに初めて気づいたんです。僕程度の人間がこういうのもなんですが、いわゆるランナーズ・ハイという状態です。走りながらある瞬間を越えると、このままずっと走り続けていけそうという感覚が生まれるんです。

そのときは「金さんがいっていたのは、これか」と思いましたね。以前、金さんに走る楽しさを聞いたとき「気持ちよくなる」といっていたんです。それが具体的にどう気持ちいいものなのか尋ねても金さんはニコニコしているだけではっきりと答えてくれなかったんですが、その理由がようやくわかりました。

湘南国際マラソンでは、初の"給水所"を体験。金さんのアドバイスを実践し、見事に給水をクリア

7キロを過ぎたあたりで「なんか気持ちいいな」と感想を漏らす亮さん。走ることに体も心もすっかり慣れてきたようだ

この「気持ちよさ」は実際に走ってみないと絶対にわからない。走ってみてはじめて感じることができるんです。「なるほど、走っている人はこの気持ちよさを感じるために走ってるんだな」と素直に納得できました。

このレースの直後からですね、僕の中で走るモチベーションが変わってきたのは。それまでは走り終わった後のビールが一番で、あとは走っている自分をちょっとえらいなと思えることが少しでしたが、このレースを境に「あの気持ちよさをもう一度、もっと長い時間感じたい」と強く思うようになりました。

もちろん、そう思えたのはシチュエーションもよかったからだと思います。初めてのレースが海の近くを走るという自分が好きなコースだった。レースはお祭りのような雰囲気だったし、一緒に走る人だけでなくボランティアさんもいて、お互いに声を掛け合ったりしながら初めて会った人なのにすぐに打ち解けられる。せっかく走り始めたのなら、大会に出ないというのは本当にもったいないと思いますね。

いま全国にはたくさんのマラソン大会があります。そこではその土地ならではの風景やグルメ（エイド）も楽しめますし、なによりたくさんの人の笑顔に出会える。距離もフルやハーフだけでなく10キロや5キロの部がある大会もたくさんあるので、最初はそういうところにエントリーしてみるのがいいと思います。ただ、個人的には走り始めてすぐにというのはあまりおすすめできません。どれくらいの時間をおいてというのは個人差もあるのではっきりと言えませんが、走れるには走れるけどしんどさが残るという状況なら無理しなくてもいいと思うんです。普段の練習で走り終わってもしんどさをあまり感じないくらいであれば心に余裕をもってレースを楽しめると思います。「正しい走り方」はそうなるためにも大事。ケガの予防にもなりますし、気持ちよく、楽しく走れるようになればいままで以上に走ることが好きになるはずです。

気持ちええ〜
（これがランナーズハイってやつか？）

ランニングに適した腹式呼吸をマスターする

呼吸の仕方
自分の走るテンポに合わせて呼吸する。吸うことばかりに集中しないように注意
正しい呼吸が身につくと走りが楽になります
RUN

鼻から吸い、口から吐く 吐くときは大きくしっかりと

呼吸で大事なのは「しっかり吐き切る」ことです。呼吸というのは反射動作ですから、しっかり吐き切ることによって自然と吸えるようになります。

鼻から吸い、口から大きく吐きながらおなかの奥にある横隔膜を動かす意識をもちましょう。吸ったときにお腹が出る感覚です。最初は意識しないと難しいかもしれませんが、慣れてくれば自然にできるようになるはずです。

呼吸が乱れるとフォームが崩れ、体を重く感じたり、疲れやすくなります。その際はペースを落とすか立ち止まって深呼吸しましょう。精神的にもリセットできます。

息を吐くと横隔膜が上がり、吸うと横隔膜が下がって、おなかが出るのを意識する。普段の生活の中で練習をして、走っているときに少しずつ練習をして慣れていこう

呼吸の前の準備

呼吸が楽にできるよう、胸を開いたり閉じたり、胸回りをストレッチする。さらに肩を大きく後ろに回して胸を開く

呼吸の練習

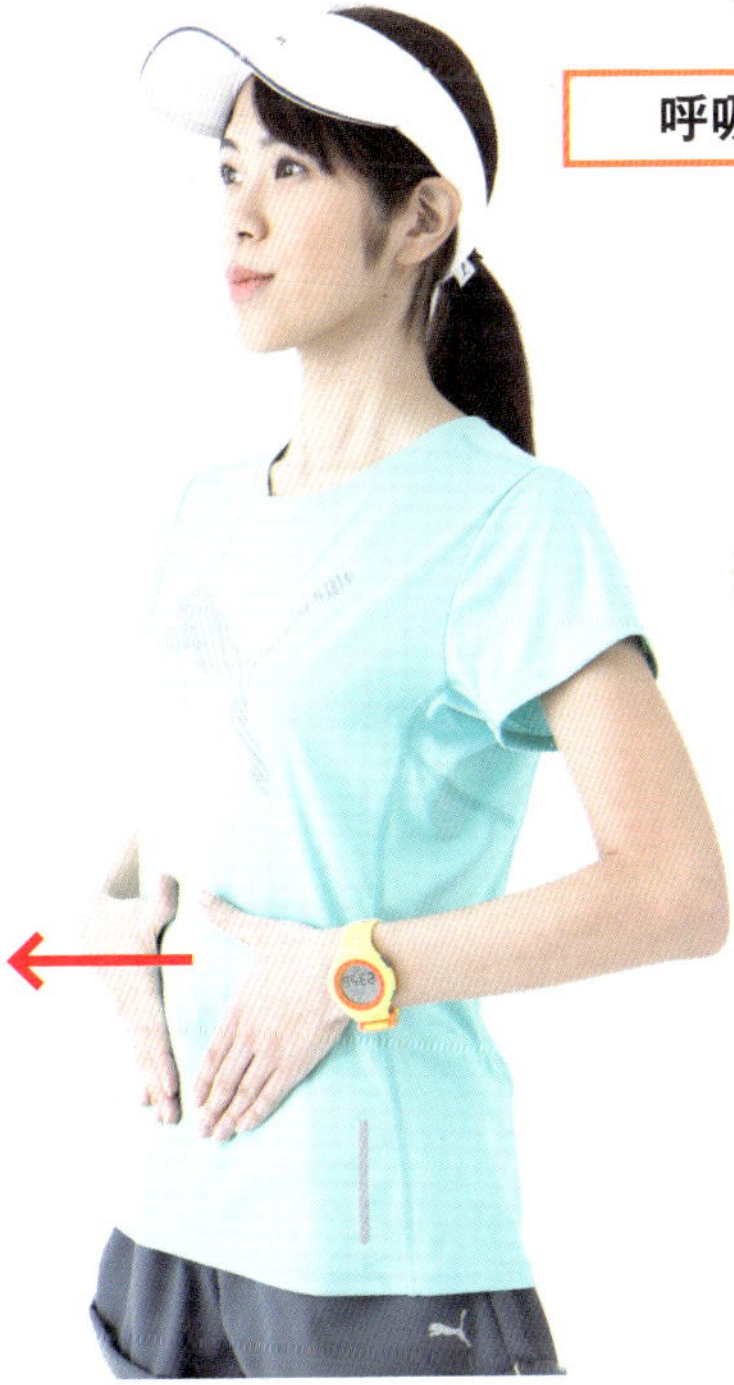

腹をふくらませながら
鼻から息を吸う

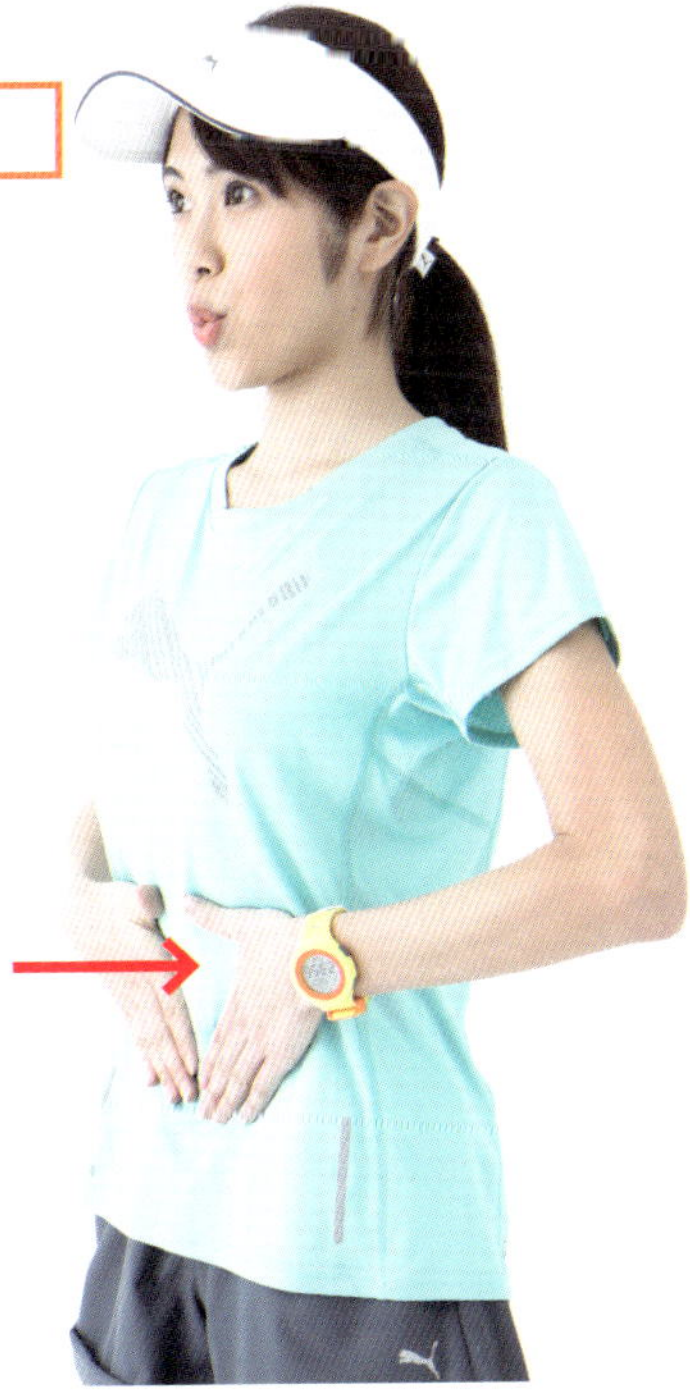

腹を凹ましながら
口から息を吐く

正しい着地

足をまっすぐ着地させると走りに安定感が出る

片脚立ちをして丹田の位置を確認
下腹部と尻の上の筋肉に
力を入れて安定感を出す

そのまま1、2、3と
テンポよく踏み替える

つま先をまっすぐ前に向け体の真下に着地する

走るというのは「空中から片脚で着地する」動作の繰り返しですが、このとき着地した足には体重の約3倍といわれる大きな負荷がかかります。ケガ防止のためにも体に無理のない着地をしましょう。

着地では体の真下に足をつけるイメージを持ちます。太ももの前と後ろの筋肉に同時に同じだけの負荷がかかる感覚です。このときつま先がまっすぐ前を向いているか確認しましょう。つま先が内や外に向いていると着地が偏ってしまい、ケガの原因にもなります。

体の真下に着地した際、丹田を意識してお腹とお尻に力が入っていれば体全体がグッと安定します。

正しい着地を憶える

着地と同時に
丹田をこぶしで叩く

NG　　NG

正しい着地

足を体の真下に着地させ、つま先がまっすぐ前を向いているのが正しい着地。つま先が内や外に向いてしまうとフォームが崩れてしまう

腕をふる動きが骨盤に伝わって体が前に進んで行く

引く
出る
肩甲骨を引けば
足は自動的に
前に出る
引く
出る

しっかり引くことを意識 肩甲骨と骨盤を連動させる

着地とともに大事なのが腕の動きです。ひじをしっかり引くことを意識してテンポよくふってみましょう。このとき肩甲骨をしっかり動かすことが大事になります。

しっかり腕がふれるようになると自然と骨盤が動きます。そうすると足を楽に前に振り出せるようになります。

動きが伝わるイメージは上半身から下半身という方向です。走るというとどうしても下半身に意識が向いてしまいがちですがそうではありません。上から下へ、なのです。腕をふっても骨盤がうまく動かないときは腕を引くときにアクセントをつけてみましょう。

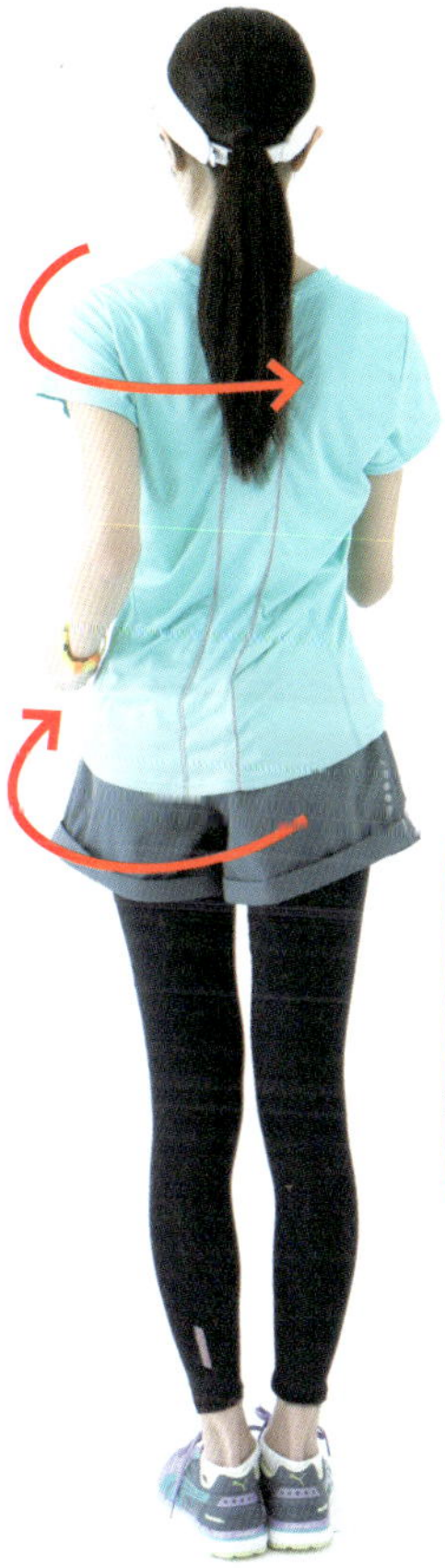

腕ふりを体感

肩甲骨を動かすと
骨盤が動き出す
骨盤をよく動かすために
ひじを後ろに引くときに
アクセントをつける

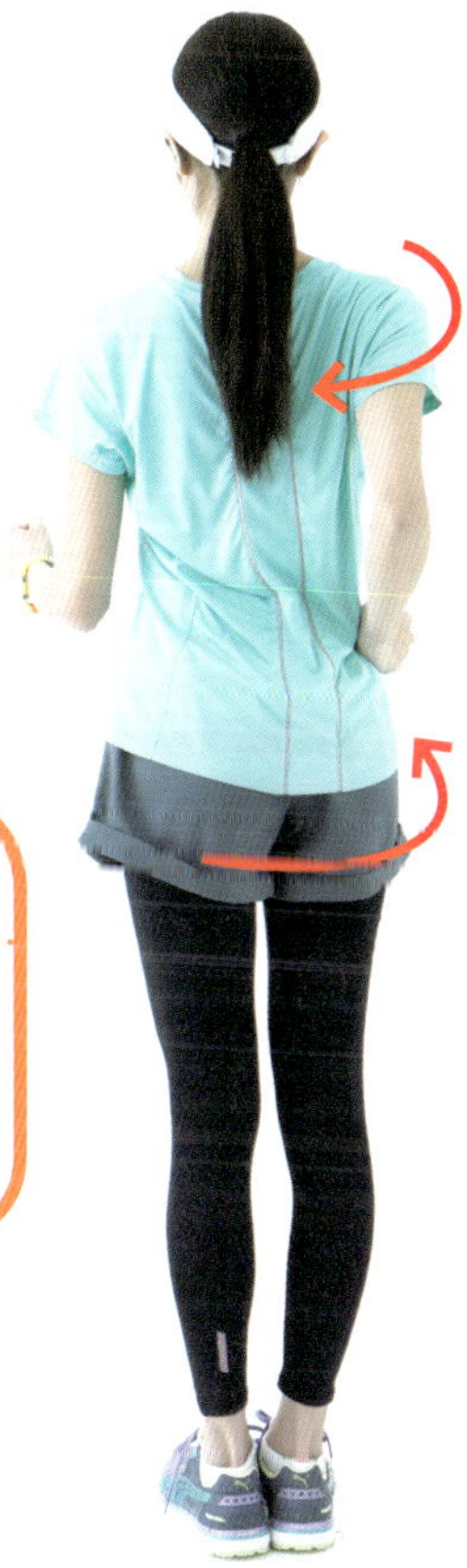

※34ページのひじ回しを
行って肩甲骨がスムーズに
動く状態でやってみよう

ツイスト運動で肩甲骨と骨盤の連動を体感

肩甲骨と骨盤の連動はツイスト運動で体感しやすい。腕ふりだけではいまいち分かりづらいという人は試してみよう（36ページ）

下り坂

歩幅を小さく ブレーキをかけない

後傾した姿勢ではひざに負担のかかる走り方になってしまう

ポイントは着地の位置で、体の真下に足をつく。真下につくとひざに負担がかからない

下り坂はゆっくり走ることを意識しましょう

ストライドを短くして意識してゆっくり走る

コースが下り坂になると体が突然軽くなったように感じます。最初は楽に速く走れていると錯覚してしまうかもしれません。しかし、ここに大きな落とし穴があります。勢いにまかせて走ってしまうとオーバーペースになり、たちまち息が上がるだけでなく、ひざにも大きな負担がかかります。

長い距離を走るためには、なるべく疲れないように、ひざを痛めないように、ストライドを少し短くして小股で走りましょう。体を少し前傾させて、平地以上に体の真下に着地する意識をもちます。体の真下に足をつくとひざにも負担がかかりません。

上り坂

上り坂で重要なのは上半身の使い方

腕を少し下げて、後ろに引くときにグイっと力強く引く
腕を後方に強く引く動きの力強さが骨盤に伝わって、一歩の力が強くなる

目線はやや下方に向ける

上りでも下りでもなるべく無駄な体力は使わないようにしましょう

腕を大きく後ろにふり着地の力を強くする

下り坂とは逆に上り坂はペースが自然と落ちます。体を前に進めていくためにいつも以上に強い力が必要だと感じることでしょう。

上り坂では、腕を下げて、大きく後ろに引くことで着地の一歩の力を強くすることができます。腕を大きく後ろに引くことでその力が肩甲骨から骨盤に伝わり、一歩一歩が力強いものになります。目線はやや下向きにし、骨盤を使って体を上へ押し上げていくイメージを持つといいでしょう。

着地の一歩が力強くなると自然とストライドは広くなっていきますが、慣れないうちは小股でもいいでしょう。

風があたる面積が少なくなるようにして走る

普段より前傾を深めて走るが、背筋はしっかりと伸ばしておく
誰かの後ろを走る際は、必ず声をかけよう
失礼します！
上着のファスナーは一番上まで上げておく

やや前傾を深くして脇をしっかり締める

走る際は体を前に進めやすくするために前傾させます。ただ、強い向かい風の中では体が戻されてしまうので普段よりやや前傾を深めましょう。その際、背中を丸めてはいけません。背筋はしっかりと伸ばしておきます。

腕はしっかりと脇を締めてふりましょう。脇があいてしまうとそれだけ風を受ける面積が大きくなってしまいます。同様の理由で上着を着ているのならファスナーは一番上まで上げておきます。

裏技としては誰かの後ろを走るというのも有効です。ただルール違反ではないですが、マナーとして事前に声はかけておきましょう。

箱根駅伝の強豪
日本体育大学も実践！

体幹力UP
トレーニング

1 フロントブリッジ

（10秒キープ）

走る姿勢を維持するための
トレーニング

1 ひじは肩の真下にまっすぐつく

2 脚は腰幅に広げ、そこで安定するようにつま先でとめる

3 走る姿勢を意識して、しっかり骨盤を入れる。肩甲骨を寄せる。顔をまっすぐ前に向ける。体を一直線にし、おなかを引っ込めて、10秒キープする

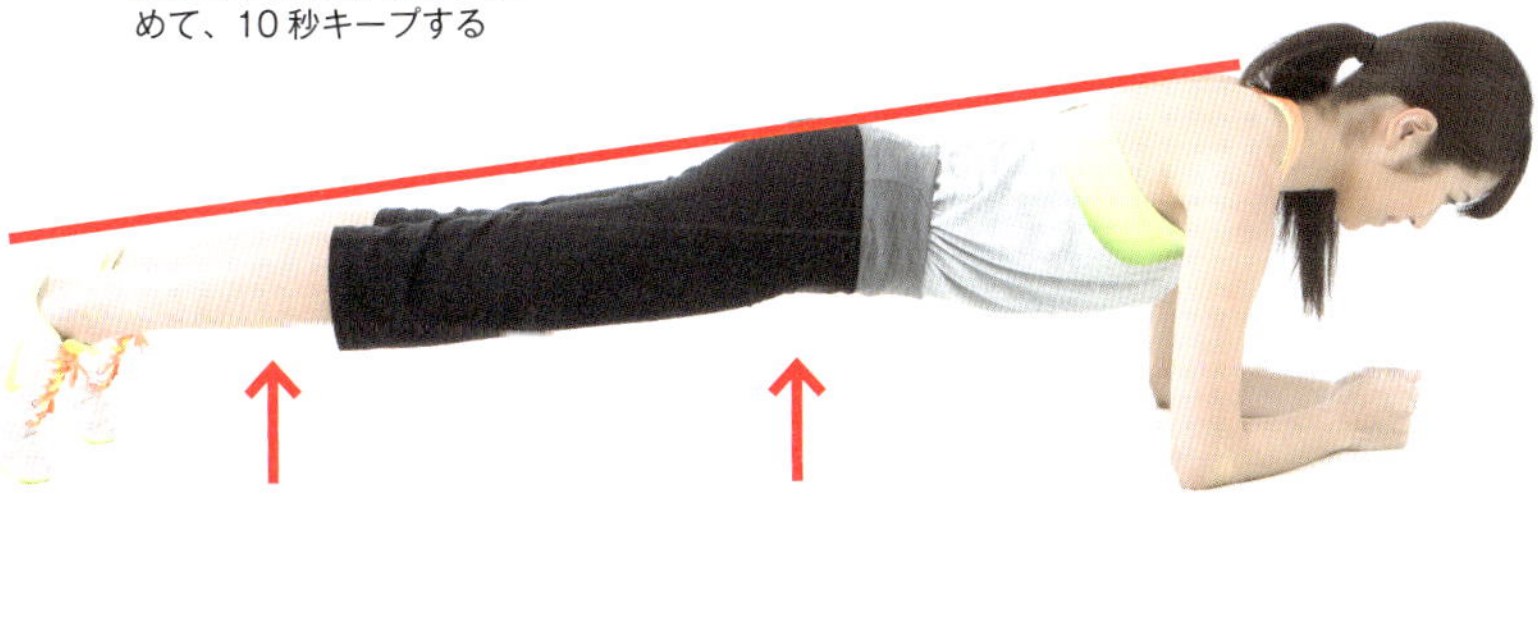

箱根駅伝の強豪
日本体育大学も実践！

体幹力UP
トレーニング

2 クロスバランス

（左右各10回）

上半身と下半身の連動性を高めるトレーニング

1 左手を上げて、右足を伸ばす。腹筋をしっかり締めて、顔はまっすぐ前に向ける

2 右足を体の前に引き上げ、左手のひじを曲げて下ろして、おへその前でクロスさせる

3 「伸ばす」「縮める」を繰り返す。まっすぐやることが大事。左右10回ずつ行う

箱根駅伝の強豪
日本体育大学も実践！

体幹力UP
トレーニング

3 ランジ

（左右各10回）

ストライドを広げながら
走る姿勢を維持するトレーニング

1 脚を前後に開く。体を垂直に立てて、しっかりおなかを引き締める

2 ひざとつま先をまっすぐ前に向ける

3 重心はそのまま後ろの足のひざが地面に着くように真下に下ろす。顔は下を向かず、まっすぐ前を見ておく。走るフォームを意識して行う。左右10回ずつ行う

大会の楽しみ方は十人十色 自分なりの目的を見つけよう

【大会参加までの流れ】

1. **情報を集める**
インターネットや自治体に問い合わせるなどし、大会の開催情報を集める

2. **完走を目標に**
開催場所や距離などを吟味し、自分が楽しめる距離にエントリーする

3. **余裕を持って行動**
当日は最低1時間前にレース会場に入り、準備運動をして体を温める。2時間くらい前に会場入りし、ゆっくりと雰囲気を味わうのも楽しい

4. **準備運動は入念に**
準備運動で体を温めるほか、その場で駆け足をして軽く心拍数を上げておく

5. **気持ちを楽に**
初めてのレースは誰でも緊張するものだが〝楽しいお祭り〟と思って、楽な気持ちで臨もう

当日参加ができるレースもある

走ることに慣れ、10キロ前後の距離を走れるようになったら、大会への参加を考えてもいいころです。ここでは、初めて大会に参加する際に生まれる疑問を解消していきたいと思います。

大会の開催情報は、ランニングの情報サイト、または自治体に問い合わせて調べます。大会は自治体主催のものが多いのです。

大会に参加する際は、目標や目的を明確にすることが大切です。初めてのレースでは、完走を目標にするのがいいでしょう。5キロや10キロなど距離が選べる大会もあるので、無理なく走れる距離を選んでください。また、初めての大会では近所で開催されるものを選び、余裕を持って行動するなかで大会の雰囲気に慣れることを重視してもいいです。

大会に持っていくと
役立つもの

ウエストポーチ（バッグ）
小物を入れるため。
サイズは距離や用途によって変えるといい

ハンドタオル
汗を拭くため

ティッシュペーパー
トイレのため

絆創膏
応急処置用またはウエアで
乳首がこすれることを防ぐため

胃薬
調子が悪いときは走る前に飲もう

小銭
レース後のドリンク購入のためなど、小額を用意

キャップ
日差しが強くなったときのため

防寒用ビニールウェア
冬限定だが、スタート前までの防寒用に重宝する。
たたんでポーチに入るサイズが好ましい

ウエアの素材にもよりますが、乳首保護のための絆創膏は必須です！

それから、大会によっては荷物の預かり所が用意されていることもありますが、用意されていない大会もあります。ですから、走っている最中、荷物をスタート地点の競技場などに置いていく場合は、着替えのシャツ、タオル、会場への往復に着るウェアくらいになるよう、持参する荷物は必要最低限にするのがよいでしょう。お金は往復の交通費、ドリンクや軽食代くらいにして、お札が濡れたりしないようにビニール袋に入れてウエストバッグなどに入れて身に付けておきましょう。

大会前にあわてないために、自宅からランニングウェアを着て、その上にジャージなどをはおり、バッグには着替えのウェアと靴下、小物が準備されたウエストポーチくらいしか入れず、会場に着いたら上着を脱いでバッグに入れるだけ、という人もけっこういます。

Column 3

［人気エイドとお土産］

ランナーだからこそ味わうことができる“ならではの”楽しみ

何度かマラソン大会で走り、感覚がつかめてきたら、次は全国各地で開催されている大会にぜひ参加してみましょう。

現在、全国には四季を通じて、大小様々、星の数ほどの大会があります。同じ距離を走るにしても周りの風景が変われば、いつもとは違った雰囲気で走れるというものです。

また、大会を盛り上げてくれるボランティアは、そのほとんどが地元の人々です。大会に出場することで、その土地土地の人のおもてなしの心や気持ちの温かさに触れることもできます。

そしてもちろん、大会中にコースで提供されるエイド（給食）と参加賞としてのお土産も大きな楽しみのひとつといえるでしょう。

特に近年では集客や注目度を高めるために、各大会が独自の色を出そうとかなり力を入れてきています。そのための欠かせないツールとしてご当地名産品が贅沢に振る舞われる大会も少なくないようです。

また、一度は食べたことのある名産品も、走っている最中あるいは走った後に食べてみれば、それまでとはまた違ったおいしさを感じることができるでしょう。亮さんが走り終わった後のビールにかつてないほど感動したように、格別な味わいがあるはずです。

写真は2013年6月9日に開催された「果樹王国ひがしね・さくらんぼマラソン大会」の参加賞で配られた佐藤錦

富里スイカロードレースでは、エイドステーションと完走後に甘くておいしいスイカが食べ放題。大会に参加したスマイルランナーの中村優さんも笑顔で大絶賛

第4章

ハーフマラソンに挑戦

大会参加の準備をしよう

田村亮
×
ラン×スマ
4

「正しい走り方」と新アイテムでついにここまできた！

走る魅力に気づくも
12キロを走って
目の前がまっくらに

湘南国際マラソンで走ることの気持ちよさに目覚めてから、僕にとっての走る目的には「うまいビール」だけでなく、「走ること」そのものも加わりました。もちろん、走った後に飲むビールはうまいですよ。でもそれと同じくらいあの気持ちよさを感じたいと思って走るようになりました。

結果として、走る距離も最初の4.8キロから湘南国際での10キロを経てハー

最悪の体調で
走ったら
ハーフを走るの
こわくなってしもた！

フ（21・0975キロ）へと延びていくわけですが、そうなったのはこの気持ちよさをなるべく長い時間味わっていたいと思ったからでした。

いまはだいたい4キロ過ぎあたりから気持ちよさが始まります。最初は4.8キロでいっぱいいっぱいだったのにいまはそれを走りきるくらいの距離で「ずっと走っていけそう」と思うんですから不思議なものです。いまの僕の場合、この気持ちよさはだいたい7キロから9キロくらいまで続きます。練習なんかでもここで終わるのが一番気持ちいい！

たぶん、気持ちよくなるのが後ろにずれてもっと長く続くようになるとフルマラソンにつながっていくのかなと、そんなふうに思っています。

でもハーフを走るまでは結構キツかったですね。湘南国際で10キロを走った後、2013年2月放送のランスマ杯で視聴者のみなさんと一緒に夢の島（東京）で12キロを走ったのですが、このときは実は風邪で体調が最悪だったんです。まあ1キロ7分半のペースですからビリっけつになるのはわかっていたんですが、なんとかゴールしたものの「これはアカン、ハーフなんて絶対に無理や」と心の底から思いました。もちろん風邪という理由はあったけど、ハーフの本番のときにだって風邪をひくかもしれないし、天候だって悪いかもしれない。そんなことを考えだしたら不安で不安で恐ろしくなっちゃったんですね。これは僕の感覚ですけど、ランニングでは風邪をひくとパフォーマンスが普段の30％くらいに落ちてしまう感じです。他のスポーツだと風邪でも80％くらいの力は発揮できそうな気がするけどランニングはそうじゃなかった。金さんも優しい声をかけてくれましたけど、僕の中ではもう完全にお先まっくらでした。

転機となったのはその後の山中湖合宿ですね。最初は正直乗り気ではありませんでした。でもいま考えればスタッフさんには本当に感謝です。タイミング的にもよかった。あれがなかったら僕はあのまま挫折していたかもしれません。少なくともハーフを走るのはもっと

ランスマ杯では多くの視聴者の方と一緒にランニングを楽しんだ。が、実は風邪で体調は最悪。12キロを金さんに励まされながら走りきった

10キロマラソンも経験し、順調にランナーになりつつあった亮さんだが、2013年が明けてみると正月太りで体重が3kgも増加していた

後になっていたでしょう。

山中湖合宿では暑いなかを15キロ走りました。ランスマ杯の12キロにプラス3キロですね。正直しんどいはしんどかったです。未知の距離なわけですから。でもそのなかにも「気持ちいい」があったんです。4〜6キロくらいのところでしょうか。体調もよかったし、いつもと違うロケーションというのもよかったんだと思います。

こうして15キロを走りきったことでハーフが少しだけ見えてきました。しんどいけど、ここからあとプラス6キロならなんとかいけるかもと思ったんです。それにこの合宿では足りないものも見えてきました。12キロ過ぎて息切れするなとか、上り坂でペースが落ちるなとか。でもそういうものは練習で埋めていけるものです。12キロを走ったときのようなわけのわからない不安のようなものではありませんでした。足りないものが具体的に見えてきたことによって、逆にそれを克服すればハーフを走れるんじゃないかという自信のようなものを感じるようになりました。

10キロ過ぎまで続いた「あの感覚」フルマラソンは一度は走りたい

練習はランスマ杯の後から週2回走るようになりました。1回の距離は8キロくらいですかね。金さんに「本番前に12〜13キロを一回走っておいて」といわれて一回走りましたが、それ以外はハーフの前に10キロを超える距離の練習はしていません。

この頃になると練習に「新しい友」が加わっていました。GPS時計とウエストバッグです。金さんからのアドバイスで、大学ノートにランニングダイアリーをつけるようにもなりました。

僕は走っているときに音楽を聴く習慣がなく、ただただ走っているだけなのですが、そうなるとどうしても練習がダレてくるんですよね。そんなとき新しいギアを導入するとモチベーションがぐっと上がる。GPS時計は走行

12キロを走り終える間際、思わず「ムリや」という言葉が。ランニングを始めて、初の挫折感を味わった

距離の合計や自分が走ったコースを後から見ることができるし、ウエストバッグは飲み物などを携帯するのに便利です。走ろうと思い立った人の中にはまず形からという人もいると思うけど、僕みたいに飽きっぽい人にはそういったギアをモチベーションアップのために途中途中で自分に買い与えてやるというやり方もいいと思いますよ。RPGでレベルが上がるにつれ、より強い武器を与えていくような感覚です。

ランニングダイアリーはつけるとサボっている自分がわかります。ただこれはつけてみて思うのですが、楽しく走れればそれでいいと思っている段階から一歩抜けて、レースを意識するようになったらつけるのがいいかもしれませんね。

こうして迎えたハーフ本番当日のコンディションは上々でした。天気もよかったし、体調もよかった。結果は2時間28分09秒で最後まで笑顔で走るという目標も達成できました。もちろん、あの気持ちよさは味わうことができました！　始まりはどのあたりか覚えていないんですけど、12～13キロまで気持ちよさが続いたんです。これはうれしかったですね。ハーフに挑戦して本当によかったと思いました。

いまはとりあえず一回はフルを走ってみようと思っています。本当に自分が42・195キロを走り切れるかどうか。自信はないけど、あの気持ちよく感じる時間を延ばせていけたら完走できそうな気もするんです。でもそれがいつになるかは僕自身もわかりません。フルマラソンを走るためにお酒や煙草や夜遊びをやめようという気持ちはいまのところ相変わらずないですし。ただ、そういう部分を含めて「走っている自分」が今後どう変わっていくかを興味深く観察していきたいと思っています。

いつかはフルマラソンに挑戦するぜ~!!

しっかり走って、しっかり休む メリハリをつけて継続しよう

［1週間の練習メニュー］

週に15～25キロ／月間60キロ～110キロ

月	30分 ウォーキング もしくは 5キロ ジョギング
火	休み
水	30分 ウォーキング もしくは 5キロ ジョギング
木	休み
金	30分 ウォーキング もしくは 5キロ ジョギング
土	30分 ジョギング（5キロ）
日	休み

※1キロ／6分換算

月間60～110キロを目標に「休み」も練習の一環

ハーフあるいはいずれはフルマラソンを走りたいと思っているのなら事前に練習メニューを立てた方が効率的です。

表はハーフを目指す際の練習メニューの一例です。練習は週4日で週に15～25キロ、月間で60～110キロを目処としています。

もちろん、それぞれに生活のリズムがあると思いますので練習の回数や一回に走る距離などは自分なりにアレンジしてみましょう。

とはいえ、10キロを週2回走るのと5キロを週4回走るのとでは走る距離は同じでも効果は変わってきます。すでにある程度走れる人が5キロを4回なら体力キープ

［レベル別推奨タイム］

レベル	1キロ	5キロ	ハーフ	フル
初級	8分	40分	約3時間	約6時間
中級	6分	30分	約2時間30分	約4時間30分
上級	4分	20分	約1時間30分	約2時間50分
一流	3分	15分	約1時間	約2時間6分

ハーフに向けては
1時間を週1回、
45分を週1回、走りました。

走ることに慣れてきたら、1キロのタイムを計ってみよう。そして、まずは5キロを30分で走ることを目指し、中級レベルに達したら大会への出場を考えてもいい頃合いだ

の意味合いが強くなります。走力を上げたいなら10キロを2回がベターです。いずれフルマラソンを走りたいと思っている人は回数が少なくても一回に走る距離を長くしていきましょう。

メニューでは週3日を休みにあてていますが、「休む」ことも練習の一環と捉えましょう。疲れた筋肉は休むことでより強い筋肉へと生まれ変わります。走ることが楽しくなってくると毎日でも走りたいと思うようになるかもしれませんが体のことを考えれば我慢も必要です。あまりに気持ちを優先しすぎてしまうと思わぬ故障の原因になることもあります。どうしても体を動かしたいときは他のスポーツやピラティス（92ページ）などをして上手に対処していきましょう。

亮さんおススメ！ **グッズでモチベーションUP**

「なんだかちょっと飽きてきた…」そんなときは新しいグッズを楽しもう

走ることを楽しいと感じていてもそれに慣れてしまって腰が重くなったり、距離を延ばしたら挫折しそうになったりすることも。そんなときは新しいグッズを身につけてモチベーションをUPさせよう。

ランスマ杯で挫折しそうになったときに助けてもらいました！

さぼっている自分もわかっちゃう（笑）

ランニングダイアリー

大学ノートに日付とその日に走った距離、自分なりの感想を書いてみましょう。改めて書いてみることでランナーとしての自分を振り返ることができます。

GPS時計

GPS機能による高精度な走行距離や平均スピード、ペースから心拍数、消費カロリーまで測定できます。データはスマートフォンやパソコンで管理・閲覧も可能。信号で止まったときに自動で計測が停止する機能を搭載したものも。各メーカーより機能別にたくさんのモデルが発売されています。

吟味しまくって
買いました。
カッコイイでしょ!?

ウエストバッグ

小銭やタオルなどの小物に加えて、水分補給のためのボトルも収納できます。一般的にサイズはポーチよりもひと回り大きくなります。

大会前の食事

“自分が好きなもの”ではなく体が欲するものを食べよう

スタミナUP

ご飯、麺類といった糖質、脂質、タンパク質を補える炭水化物は、走るための“ガソリン”みたいなもの。大会前は積極的に摂取したい。

筋肉の発達

運動後の筋肉を回復させ、発達させるには肉類や大豆製品などでタンパク質を摂取することが必要。また、果物に含まれる酵素は筋肉の発達を促進してくれるのでおすすめだ。

運動機能の向上

運動機能を向上させるには、神経の伝達速度の向上と腱や関節の発達が不可欠。そこで、鶏（手羽）でコラーゲン、海藻類と貝類でカルシウムとマグネシウムを摂取しよう。

大会前は炭水化物を多めに体の声に耳を傾ける

大会の前夜は炭水化物をメインにバランスよく食べるとよいでしょう。特に炭水化物は多めに食べるようにしましょう。走るために必要なエネルギーの源となる栄養素です。前日の夜にたくさん摂取することで体内に貯蔵されるようになります。

大会当日の朝はやはり炭水化物をメインに、ビタミンやミネラルを摂るようにしましょう。ビタミンやミネラルは炭水化物をエネルギーにする手助けをしてくれます。内臓に負担がかからない量をスタートの3、4時間前までに食べ終えておくのが理想です。

[金さんおすすめの食事内容]

ごはんは2杯～3杯食べてもいいですよ

番組で紹介された「金さん定食」の内容。ブリの照り焼き、煮物、ノリの佃煮、ぬか漬け、ご飯に味噌汁、デザートにはカステラ。炭水化物も多めでバランスのいい食事内容だ。

食べるものについては日頃から意識しておくといいでしょう。栄養バランスを考え、カロリーが過剰摂取にならないような食事を続けていけば、疲れにくく筋肉がつきやすい体になるだけでなく、健康で見ためも美しい体になっていきます。逆に油ものやカロリーの高いものばかりを食べてしまえば体に脂肪がつきやすくなり、走っても疲れやすくなってしまいます。

具体的な食材とその効能については前ページに示したとおりですが、だからといってあまり肩肘張ってがんばる必要はありません。知識は頭の片隅に置きながら、汗をかいて水分が欲しくなったら水を飲む（ジュースではありません）、胃が重いからさっぱりしたものを食べる、など脳ではなく「体が欲しているもの」を食べるのがいいでしょう。

大会に初めて参加した際のよくある疑問を解消

1 会場入りとスペース確保

大会当日は早めに会場に入りましょう。大会の前にまずは荷物などを置くスペースを確保します。スペースは基本的に早いもの勝ちですから、会場入りが遅いとスタート地点からずいぶんと遠いところになってしまうこともあります。精神的にも少し時間が余るくらいでちょうどよいでしょう。

2 トイレ

大会前には必ずトイレに行っておきましょう。走り始めてから急に行きたくなるというタイプの人はなるべくスタート地点に近いトイレに行くといいでしょう。先に行けば行くほどトイレは混雑しますし、そのぶんタイムもロスしてしまいます。ただ、大会中にトイレに行きたくないからといって、意図的に水分を抑えることは避けましょう。

スタート前は混雑するので
トイレは早めに
済ませておきましょう

3 寒暖差対策

大会中は天候が変わることもありますし、水辺では気温が下がりますのである程度対応できる格好でレースに臨みましょう。ジップアップの上着は簡単に調節できます。寒いときはニット帽、手袋をするといいでしょう。アームウォーマーも比較的脱着が容易です。

4 走り始めはスローペースで

大会では気分が高揚し、たくさんのランナーと一緒に走るのでペースが上がりやすくなります。そのまま走り続けてしまうと後半にバテてしまいますので注意しましょう。スタートしてからしばらくは普段より遅いペースで走り、後半に向けて体力を温存するくらいの意識をもってもいいでしょう。自分と同じくらいのレベルの人を見つけて一緒に走ってみるのもおすすめです。リズムをつくることができます。

5 疲れたとき

疲れたときは無理をせずに一度ペースを落としましょう。疲れを感じているときはフォームが乱れていることがほとんどです。歩いたり立ち止まって呼吸を整え、一度リセットしましょう。

深呼吸

疲れをリセットするときは、しっかり呼吸をすることを意識しましょう。特に深呼吸には大きな効果があります。精神的にも肉体的にもリラックスすることができます。おなかを膨らませる感覚で吸いましょう。吸う前にしっかり吐き切ることがポイントです。

その場でジャンプ

精神的、肉体的につらくなってきたら思い切って止まることも大事です。そのままの状態で走り続けてよいことはなにもありません。一度立ち止まって全身をリラックスさせ、その場で軽くジャンプしてリセットしてからゆっくりと走り出しましょう。

ペースダウンしても走りながら飲むのは、慣れないと難しい。そこで、写真のように紙コップをつぶしてみよう。こぼしにくく、飲みやすくなる

6 給水

給水ポイントではペースを落として確実にコップをとりましょう。止まってとるくらいの気持ちをもちます。コップは横からではなく真上から親指、人差し指、中指の3本でコップの縁をつまみ上げるようにとります。走りながら飲むとむせることもあるので、ペースを落とすか立ち止まって飲みましょう。そうすることで確実に飲むことができますし、結果的にタイムロスを最小限に抑えられます。

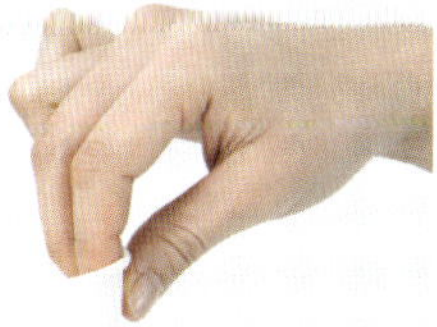

給水所に並んだコップを走りながらつかむには、指先でつまむようにすると成功しやすい

7 冷却ポイント

特に暑い季節の大会では、給水の際の残った水で後頭部を冷却すると体も心もすっきりとします。筋肉の疲れを感じているのなら、そこにかけてもいいでしょう。一時的な冷却が疲れを軽減させてくれます。

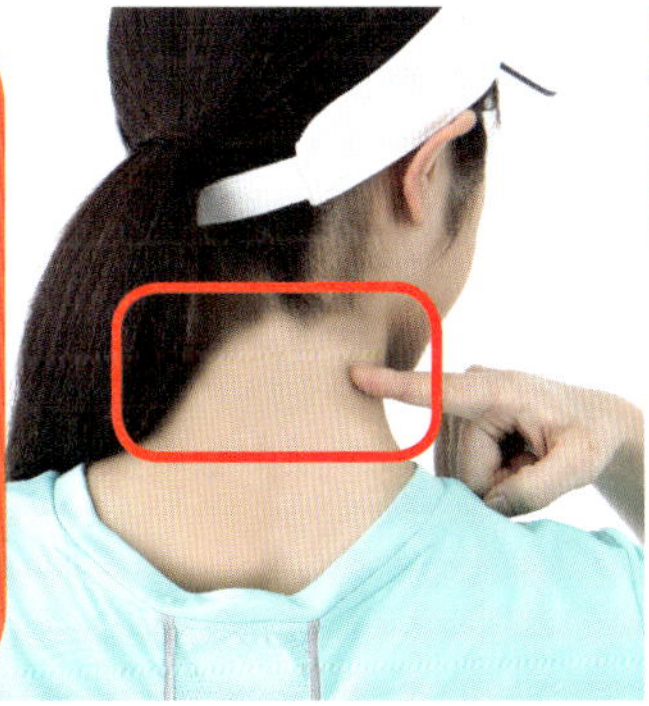

首の血管を冷やすのは、暑くなったときにはとても効果的

体幹を鍛えるピラティスで美しいランニングフォームを維持

走ることだけがトレーニングではない。
インナーマッスルと呼ばれる体の深層にある筋肉を鍛えることで、より強い、安定した体幹を手に入れればグッと楽に走れるようになる。
ここで紹介するのは、体幹トレーニングを専門に数多くのトップアスリートの指導経験がある本橋恵美さんによるもの。ぜひ、試してみてほしい。

教えてくれた人

本橋恵美

東京都出身。体幹トレーニングを専門に、プロ野球・陸上競技・ラグビー日本代表・柔道金メダリストなどトップアスリートを指導。また企業・自治体にて健康増進セミナー開催、人材育成事業として体幹トレーニング養成コースを全国で展開している。主な著書に「スポーツに効く！体幹トレーニング」「身体機能が１０歳若返る大人の体幹トレーニング」がある。オフィシャルブログは「本橋恵美からありがとう」（http://ameblo.jp/emifit/）

ハンドレッド
体幹の持久力をアップさせる

体幹を長時間安定させる持久力を高めるメニューです。腕を小刻みに上下させながら最初の5カウントで息を吸い、次の5カウントで息を吐きます。これを10セット行うと合計100回になるのでこの名前がつきました。二の腕や腹部の引き締めにも効果があります。

1

両ひざを抱えて頭を上げる

2

両腕を伸ばして、脚を
斜め45度に上げる

そのまま両腕を上下に早く動かす。

3

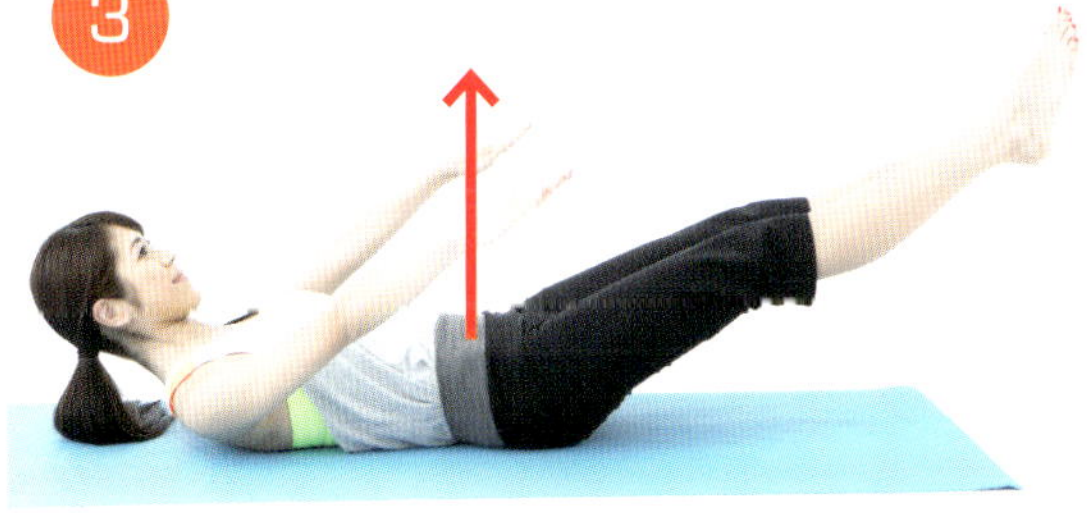

POINT
おなかをへこませ
腹圧を高めて
腕を動かす

スパイン・スネーク

美しいランニングフォームのために

左右の手足のバランスがとれた美しいランニングフォームをつくるメニューです。手足を連動させながら右半身と左半身をリズミカルにずらして前に進んでいきましょう。

1

仰向けになって手足を上げる

2

3

背中を左右に動かすイメージで頭方向へ進む

POINT

背骨と骨盤を十分に動かして体幹を使って前に進む

スタンド＆ローリング

体幹の安定と足首の柔軟性アップ

体の重心をコントロールしながら動くことで体幹の安定性を養うことができます。さらに起き上がるとき、ひざとつま先を正面に向けるように意識することで、足首の柔軟性を高めることができるようになります。

POINT
ゆっくりとした動作で確実に行う

1
足先をマットに合わせて立ち、手を胸の前でクロスさせる

2
そのまま寝転がって立ち上がる

3
寝転がって立ち上がる。これを5回繰り返す

マラソン大会で走るときも
スマイルランニングを忘れずに！
楽しんで走りましょう！

ランスマ

番組で紹介された大会

亮さんや金さん、ハブくん、
スマイルランナーの中村優さんらが
実際に走ったレースを簡単にご紹介します。
ここで紹介している以外にも、
たくさんのマラソン大会があるので
ぜひ自分好みのレースを探してみてください。

※掲載した情報は本書制作時のものです。
最新の情報や詳細については各大会へお問い合わせください。

「洞爺湖マラソン」(北海道)

毎年５月下旬に開催される。北に雪化粧をした羊蹄山、南には噴煙をあげる昭和新山など、雄大な山々に囲まれた洞爺湖をぐるりと１周する大会。フルマラソンだけでなく、２キロ、５キロ、10キロなど距離が細かく用意され、初心者も参加しやすい。ゴール付近のホテルの温泉に無料で入れるのも魅力。

公式HP▶ http://www.toyako-marathon.jp/

「オロロンライン全道マラソン大会」(北海道)

ランナーが事前に予想したタイムと実際のタイムの差で順位を決定するひと味違った大会。ランナーはエントリーの際に自分のゴールタイムを予想して宣言、実際のゴールタイムとの差が少ないほど順位が上がる。開催地の羽幌町は海産物が豊富で特産品は甘エビ。

公式HP▶ http://www.town.haboro.lg.jp/event/h24/ororonmarason.html

「弘前・白神アップルマラソン」(青森県)

「りんごの里から世界遺産・白神山地ブナの里へ」がキャッチフレーズの青森県で開催されるマラソン大会。完走賞はおいしいりんごで、コース途中のエイドにももちろんりんごが用意されている。前夜祭では青森の郷土料理と津軽三味線を楽しめるので、参加するのであれば、ぜひとも大会前日から会場入りしたいもの。

公式HP▶ http://www.applemarathon.jp/index.shtml

番組で紹介された大会

「果樹王国ひがしねさくらんぼマラソン」(山形県)

年々、人気が高まっているというマラソン大会。開催地である東根市は、山形県中央部に位置し、さくらんぼの生産量日本一の街だ。コースは、さくらんぼの果樹園の間を駆け抜け、参加賞として地元の美味しいさくらんぼが食べられる。ハーフのほかに3キロ、5キロ、10キロもあるので初心者でも参加可能だ。

公式HP▶ http://www.sakuranbo-m.jp/

「南魚沼グルメマラソン」(新潟県)

なんとこの大会、完走後に南魚沼産のコシヒカリが食べ放題なのだ。番組で紹介された2012年大会では、3477人が参加し、ごはん茶碗8200杯分のコシヒカリが用意された。番組では、ザ・たっちのたくやさんが参加し、完走後は販売されている地元食材のおかずとともに南魚沼産コシヒカリをたっぷりと堪能した。

公式HP▶ http://gurumara.com/

「つくばマラソン」(茨城県)

このレースはコースが平坦で記録が狙いやすいため、ランナーに大人気。開催されるのは、つくばの街が紅葉に染まる時期。フルマラソンのほか10キロのレースがあるが、10キロは75分以内での完走が条件。そのため、中級者として経験を積んでからの参加が望ましいだろう。

公式HP▶ http://www.tsukuba-marathon.com/

「かすみがうらマラソン」(茨城県)

フルマラソンの他、10マイル(およそ16キロ)のコースなどがある。フルマラソンコースの見どころは、後半ののどかな風景と「霞ヶ浦」の眺め。地元のお母さんたちによる私設エイドも大会の名物。また、この大会には「国際盲人マラソンかすみがうら大会」というもうひとつの顔もある。

公式HP▶ http://www.kasumigaura-marathon.jp/

「磐梯高原猪苗代湖マラソン」(福島県)

番組内で亮さんがハーフマラソンを走ったのが、この大会。もともとは100キロのウルトラマラソンがメインの大会だったが、ハーフマラソンや10マイル(16キロ)、50キロなども開催されるようになった。多くのボランティアの人々に支えられた心温まる大会だ。

公式HP▶ https://www.facebook.com/run.and.peace

「富里スイカロードレース」(千葉県)

千葉県富里市が開催しているこの大会では、給水所ならぬ「給スイカ所」が 10 キロ･5 キロ各コースの残り 1.5 キロ地点に登場し、甘くておいしいスイカが食べ放題。また、会場にもスイカサービスコーナーが設置され、レース完走後も富里スイカを堪能することができる。

公式HP▶ http://www.city.tomisato.lg.jp/category/4-1-1-0-0.html

「ちばアクアラインマラソン」(千葉県)

番組で紹介された 2012 年が初開催だった新しいマラソン大会。一番の特徴は、千葉県と神奈川県を結ぶ東京湾アクアラインを走ること。第 1 回大会では、木更津から海ほたる間がコースの一部となり、海の上の高速道路を走れると話題になった。第 2 回大会からはフルマラソンに加えてハーフマラソンが新設。

公式HP▶ http://chiba-aqualine-marathon.com/

「東京マラソン」(東京都)

コースは新宿都庁前からスタート。皇居や東京タワーを眺め、品川で折り返し、銀座、浅草を通り、有明の東京ビッグサイトがゴール。2013 年から世界のトップレースで組織するワールドマラソンメジャーズに加入し、世界各国からトップランナーが出場するようになった。

公式HP▶ http://www.tokyo42195.org/

「東京・柴又 100K」(東京都)

2013 年 6 月 1 日に第 1 回大会が開催され、スマイルランナーの中村優さんも参加した大会。種目は 60 キロの部と 100 キロの部があり、制限時間はそれぞれ 9 時間と 14 時間。陸連公認コースとしては初の東京をスタートし、東京へゴールするウルトラマラソンでもある。

公式HP▶ http://tokyo100k.jp/index.shtml

「三浦半島 82km みちくさウルトラマラソン」(神奈川県)

スマイルランナーの中村優さんが、ウルトラマラソン挑戦の第 2 弾として 82 キロを走った大会。2013 年 11 月に開催された。走るコースは横須賀市と三浦市をまたいでおり、海岸沿いを走ることが多い。三浦半島の観光名所をみちくさしながら走ろうという意図があるため、素晴らしい景色の中を走れるという点も特徴だ。

公式HP▶ http://run.class14.com/?p=4195

「湘南国際マラソン」(神奈川県)

亮さんが 10 キロのレースデビューをした大会。「誰でも楽しめる身近なリゾートマラソンへ、地域とともに！」をテーマに掲げ「東日本大震災復興支援大会」という意味も込めて開催されている。チャリティランナーの募集枠もあり、色々な思いが集まって、走ることでみんなを元気にしようという大会だ。

公式HP▶ http://www.shonan-kokusai.jp/

「人間塩出し昆布マラソン」(神奈川県)

この大会は真夏の暑い時期に行われ、走る前と走った後の体重差を競うというユニークな大会。番組ではザ・たっちのかずやさんが大会に参加し、私設エイドや地元の子どもたちのサポートと声援を受けながら完走。最高気温 30 度を超えるような環境でのレースとなるので、中級者以上の参加が望ましい。

公式HP▶ http://www16.atpages.jp/usuzumi/

「長野マラソン」(長野県)

1998 年に開かれた長野冬季オリンピックの理念を継承し、次世代の子供たちに夢を与えるとともに、美しく豊かな自然との共存をめざした大会。毎年 4 月に開催され、種目は 42.195 キロのフルマラソンのみ。制限時間は 5 時間。日本の市民マラソンの草分け的な大会。

公式HP▶ http://www.naganomarathon.gr.jp/

「能登和倉万葉の里マラソン」(石川県)

大会の参加賞は、地元産のかき。レース後に殻付きのかきが、ひとり 5 個、さらにあつあつのかき鍋もふるまわれるという魅力的すぎる大会。コースは温泉街をスタートし「能登島大橋」を渡って、厳しいアップダウンが続く「能登島」へ。中間点を過ぎ、「ツインブリッジのと」を渡ってゴールへ至る。

公式HP▶ https://www.facebook.com/notowakuramarathon

「いびがわマラソン」(岐阜県)

岐阜県西部の町、揖斐川町の自然豊かな山あいを走る「いびがわマラソン」は、川の流れに沿ったコースのおよそ 4 分の 3 が上り下りの坂道という、過酷なコースが特徴。しかし、コースからは色彩豊かな紅葉を眺めることができ、絶景の中を駆け抜ける楽しさがある。

公式HP▶ http://www.ibigawa-marathon.jp/

「奈良マラソン」(奈良県)

奈良市内の陸上競技場をスタートし、奈良公園などの名所をまわって天理市で折り返すコースを走る。コース近くには、五重塔で有名な興福寺、世界遺産に登録されている東大寺などの人気の観光スポットがある。大会会場にはご当地グルメが楽しめるコーナーもあり、奈良の歴史と食を楽しめるレースだ。

公式HP▶ http://www.nara-marathon.jp/

「さが桜マラソン」(佐賀県)

佐賀城から、弥生時代の日本最大の遺跡・吉野ヶ里歴史公園まで、佐賀の歴史を体感できるコースを走る大会。2013年大会からフルマラソンに生まれ変わった。そして、エイドとして出されるのは佐賀の名産である小城羊羹、さがほのか（イチゴ）、神埼そうめんとバラエティに富んでおり、景色や街並みだけでなく給食も楽しみな大会。

公式HP▶ http://www2.saga-s.co.jp/sakura/

「いぶすき菜の花マラソン」(鹿児島県)

毎年1月の第2日曜日に開催されるこのレースの見どころは、なんといっても沿道の菜の花。指宿の観光名所、九州最大の湖・池田湖や、開聞岳などと菜の花を見ながら走ることができる。特に池田湖の湖畔に広がる一面の菜の花は必見。あざやかな黄色と湖とのコントラストは絶景。

公式HP▶ http://ibusuki-nanohana.sakura.ne.jp/

「NAHAマラソン」(沖縄県)

沖縄県那覇市で毎年12月の第1日曜日に開催され、およそ2万5千人が走る国内最大級の市民マラソン。コースは沖縄本島の南部エリアをまわり、那覇市、南風原町、八重瀬町、糸満市、豊見城市の南部5市町を通る42.195km。那覇の中心・国際通りから平和祈念公園、ひめゆりの塔などを駆け抜ける。

公式HP▶ http://www.naha-marathon.jp/index.html

「ホノルルマラソン」(米国・ハワイ)

日本人が最も多く参加する海外マラソンとして知られている大会。制限時間を設けることで、遠くから参加してくれている人たちをコースアウトさせたくないという“アロハスピリッツ”から、この大会には制限時間がない。そのため、日本からの参加者の半分が、初めてフルマラソンを経験する人たちだという。

公式HP▶ http://www.honolulumarathon.jp/

afterword

［あとがき］

大事なことは笑顔で楽しく走ること

“ラン×スマイル”を忘れずに

1年3か月——。

亮さんが走り始めてからハーフマラソンを完走するまでのこの時間を長いと思うか、短いと思うかは人によってそれぞれでしょう。

しかし、それはどちらであってもさしたる問題ではありません。

なぜなら、大事なのは、走っている本人が「笑顔で楽しく走れたか」どうかだからです。

その意味でいえば、亮さんは笑顔で楽しくハーフマラソンを完走するために、1年3か月あまりの時間が必要だったと言い換えられるのかもしれません。

「笑顔で楽しく走る」というのは「自分らしく走る」ということに他なりません。

たとえば、亮さん以上の時間をかけてハーフマラソンの完走を目指すというやり方があってもいいでしょうし、ハーフの次にフルを目指す

NHK ラン×スマ

走らなかった人のための

ランニングスタートブック

2014年3月16日発行

編者： NHK「ラン×スマ」制作班

編集発行人： 森山裕之

構成： 五味幹男
編集： 角田柊二、新井治
撮影： 山上 忠
モデル： 寸田加奈絵（スペースクラフト）
ヘアメイク： 市瀬英樹
スタイリング： 加藤万紀子
イラスト： 勝山英幸
デザイン： 佐藤信男
協力： 株式会社 NHK グローバルメディアサービス
株式会社 NEXTEP
株式会社 RIGHTS.
株式会社 スターダストプロモーション

発行： ヨシモトブックス
〒 160-0022
東京都新宿区新宿 5-18-21
03-3209-8291

発売： 株式会社 ワニブックス
〒 150-8482
東京都渋谷区恵比寿 4-4-9　えびす大黒ビル
03-5449-2711

印刷・製本： シナノ書籍印刷株式会社

本書の無断複製（コピー）、転載は
著作権法上の例外を除き禁じられています。
落丁本・乱丁本は㈱ワニブックス営業部宛にお送りください。
送料弊社負担にてお取替え致します。

ⓒ NHK「ラン×スマ」制作班／吉本興業
ISBN978-4-8470-9221-3

あとがき

のではなく、ずっとハーフを走り続ける、あるいは5キロや10キロなど比較的短い距離のレースだけを走るというのでもいいでしょう。

もちろん、走り続けていくうちに目標タイムを達成したいと思うのであればその面を追求していってもいいと思います。

つまり、ランニングはどこまでも自由であるものなのです。そして、だからこそいつまでも自分が自分らしくいられるものでもあるのです。

おそらく、本書を手に取り、ここまで走り続けてきたみなさんは、これからも走り続けていくことを、ごくごく自然なことだと捉えているのではないでしょうか。

でも、思い返してみてください。最初にこの本を手にとり、買おうかどうか迷っていたとき、まさか自分がそんなふうに思うようになると想像できましたか？

「変化」と「自分らしさ」、このふたつは、人間が人生を生きていく上で大事なものですが、ランニングはこのふたつを同時に与えてくれます。今後も走り続けていくことで自分がどう変わり、どんな新しい自分らしさを手に入れられるのか。

亮さんはいよいよフルマラソンに向けて始動しました。

ゴールテープを切る日がいつになるのかは誰にもわかりませんが、そうしたことも含めて、亮さんは走ることを楽しんでいくことでしょう。

そして、いつの日か、どこかの街で、読者のみなさんと「ラン×スマ」できることを田村亮さんともども楽しみにしています。